シリーズ

これだけチェック

書くための基本語ズバリ200

山下杉雄・大西匡輔 編著

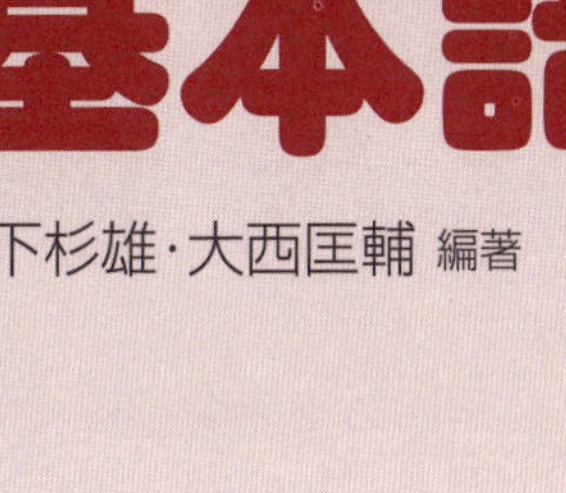

Pearl
真珠書院

はじめに

この「語《ご》彙《い》集」には、**たった200語**しか収録してありません。

もし、入試の読解問題などに対応する「読むための語彙集」だとしたら、出題者が、どこから文章を採って、何を設問してくるのか予測もつきませんから、あらゆる可能性を考えて、対応しなければならず、200語では、とても足りないでしょう。

しかし、小論文など、**書くために使う語彙**というのは、本来なら、**自分が使える言葉だけを用いればそれで十分**なわけです。小論文や志望理由書といった文書を書くときに重要なのは、その文章を読んで審査し、合否を判定する人に、インパクトを与えることのできる「内容」であって、「技術」的な問題は二の次です。難しい語句をいくら連ねても、それで合格は難しいでしょう。この点については《**書くための基本語200活用術**》を参照してもらうとして、それでも、いくつかの問題点があります。

「自分の言葉で」となると、とかく「おしゃべり」の域を脱することができず、文章が、期待する一定の水準に到達してくれません。さらに、読み手によい印象を与えようとすると、ともすれば、「背伸び」をした書き方になり、使い慣れない語を用いてしまって、消化不良になります。

　そこで、背伸びを解消し、不消化にならないようにするために、ぜひとも身につけてほしいと思われる語彙を、**六つの分野**にわたってしぼり込みました。それが、**この２００語**なのです。少ないけれど、役に立つ「書くための精鋭たち」です。

　さらに、これらの語の説明に当たっては、「多方面にわたって丁寧に」を心掛けました。しかし、そのすべてを記憶してほしいのではなく、その中に、あなたが、**一つでも興味をそそられる部分**があり、それをきっかけに、その「語」が、頭の中にしっかり残ってくれることを期待しているのです。そうすれば、表面的な暗記ではなく、あなたの「自由に操れる語彙」の中に加わり、「いい文章を書く」ための土台作りに間違いなく役立ってくれると思います。

　十二分の活用を願ってやみません。

目次

書くための基本語200 活用術

小論文や作文を上手に書くには、まず、「上手に書こう」という気持ちを捨てることです。実は「文章を上手に書くための簡単な方法」など、あるはずがないのです。

得意分野を体験として

「作文」は、とにかく、読み手に「感動を与える」ことが第一です。そして、読み手が、「おっ、面白いな」と関心をとどめるようなインパクトのある文章にするには、まず、自分でも面白いと思うような内容でなければなりません。

「面白い」と思ってもらうには、自分の最も得意とする分野の事柄を、自分の「体験」として語ることに尽きます。たとえば、「非常に悔しい」ということを伝えたい時に、「悔しい悔しい」と、いくら言葉を連ねても、誰も悔しさを感じてはくれません。でも、本当に悔しかった、自分の体験を話したときに、わがことのように聞いてくれた経験は、誰もが持っているはずです。「自分が体験し、自分が面白いと感じたこと」を、家族や友人に話すときのように、率直に、ありのままに書くことが、読み手を感動させる方法だと言えます。

自分だけのネタを三つ仕込め

いざ、書かねばならないというときに、急に書けるものではありませんから、これが「自分のとっておきの話題」だというものを、事前にまとめておきましょう。自分には、そんなものなどない、と思うかも知れません。でも、それは、「人に誇れるようなこと」とか、「人に聞かれて恥ずかしくないこと」とか、「体裁」を考えるからです。人に誇れなくても、少々恥ずかしくても、「これが自分だ」という話題を、少なくても三つ、絞り出してみてください。

一つは、クラブ活動から。高校生にとって、クラブ活動での出来事、これは、最高の話題です。「帰宅部」だった人は、その他の学校生活のなかから、あるいは、自分の「趣味」などから見つけましょう。二つ目は、家族に関すること。身近な存在だけに、ユニークな話題が結構あるでしょう。そして、三つ目は、「新聞やテレビで見聞きする事柄」から。たとえば、国の政治に関することでも、近々撤去されることになった、駅前の歩道橋のことでも、全く自由に、でも、必ず「自分の考え」を示せるものを採り上げます。たとえば「歩道橋」なら、「撤去はおかしい。それは、……」と、この点線部分に、あなた自身の主張が入る話題でないとダメです。

自分のテリトリーに引き込め

事前にネタを仕込んでおけば、どのようなテーマで作文を求められても、また、面接で意見を述べる場合でも、自分のテリトリーに、面接官や作文の採点者を、引き込んでしまうことができるはずです。自己紹介・日ごろのモットー・将来の目標……など、想定される、小論文のテーマや、面接時の問い掛けに、この三つの話題が、必ず生かせるからです。

「将来の目標」など、三つの話題のなかにはありませんでした。しかし、クラブ活動に参加していた人なら、仲間同士が気持ちを合わせることがいかに大切かを実感したはずです。それをもとに、職場でも仲間との協力態勢を第一にしたい、と「将来の目標」が語れます。あなたの自身の体験をもとに仕込んでおいた話題が、説得力を持たせてくれるはずです。

二倍分の「下書き」を濃縮しよう

そして、指定された分量の少なくとも、二倍を目標にして書きましょう。そのうえで、出来上がったものを、二分の一に縮める、これが、「秘訣」です。文章というものは、縮めれば縮めるほど、引き締まった文章になるはずです。二倍量の「下書き」をして、それを濃縮する……理屈としては分かるが、二倍なんて無理、との反論があるかも知れません。が、同じ内容を、友だちにしゃべるのなら、十分しゃべれると思いませんか。友達にしゃべることを、そのまま「文字化する」つもりになりましょう。おしゃべりを写し取ったものには、要らない部分が、結構あるはずです。これを、まず、カットします。

次に、部分的に「表現」を書き替え・置き換えていきます。たとえば、「大事な時計を失って、交番で、ここに来るまでどうしていたかを説明した」との下書きを、「……、ここに至る経緯を説明した」と、「おしゃべり言葉」を、やや硬めの「作文言葉」に置き換えて行くのです。質的な「濃縮」が可能になります。

ここで役立つ「200語」!

この「濃縮大作戦」で役立ってくれるのが、本書で身に付けた「語彙」たちです。選りすぐりの「少数精鋭たち」を、200語に絞っています。作戦の先鋒《せんぽう》として、大活躍してくれることでしょう。《こういう内容は、こういう表現で「この語」を使う》という「流れ」とともに、しっかり頭に入れてください。

凡例

- ポイント　採り上げた語の、理解したい一番の要点。
- 漢字　見出し語を構成する漢字の、成り立ちや意味。
- 類語　見出し語に、よく似た意味を持つ語。
- 関連語　見出し語と関わりが深く、参考になる語。
- 対語　見出し語と、反対あるいは対応する意味を持つ語。
- 同音異義語　見出し語と音読みが同じで、意味が異なる語。
- 同音語　Part3で、意味は遠いが、同じ音読みの語。
- 語意　Part6で、慣用句を構成する語の意味。
- ノート　その他の、関連・参考事項や注記。
- チェック□□□　たとえば、理解したら○、もう一度見直すのは✓などのマークを入れよう。

＊　四字熟語のうち、赤字は間違いやすく、注意したい漢字。

PART 1

基本中の基本語

高校生であれば知っていて当然、知らないと恥ずかしい「**基本中の基本語**」から始めましょう。

ここに挙げた三〇語は、「教育漢字」の組み合わせからなる「熟語」です。教育漢字は、小学校で習得すると決められている漢字ですから、これらはまさに「**基本中の基本**」。これらの語彙が、自分のものになっていないと感じる人は、ちょっと本気で「語彙を増やす努力」をしましょう。まず、この三〇語をマスター。でも、それだけでは不十分です。

徹底練習の一番いい方法、それは「書き取り問題集」の活用です。ただ漢字を覚えることにとどめず、語句の意味、特に例文中の「その語の働き」を確認しましょう。書き取りはマスターし終えても、意味不十分のものにはチェックをしておき、後日もう一度確認するようにしましょう。漢字だけを丸暗記せず「文章の中で理解する」習慣が、「書くとき使える語彙」を増やします。

チェック□□□

圧巻《あっかん》

全体のなかで最も優れた部分。

用例
「追われた主人公が、反撃に転じる件《くだり》が圧巻だ。」

ポイント
昔、中国の官吏《かんり》登用試験（「科挙《かきょ》」と言った）で、最も優秀な答案を一番上に置いたことからと言う。現在では、文学作品はもちろん、音楽・絵画や、演劇を始めとするエンターテイメントなどで広く用い、受け手に「力強く迫ってくるさま」を言う。

漢字
圧は押さえる、**巻**は書物の意。「巻を圧する」で、一番上で、下の書物をぐっと押さえる意から、「最も優れたもの」を言うようになった。

類語
クライマックス（climax）興奮などが最高潮《さいこうちょう》に達した状態。物語や演劇などでは「最も盛り上がった場面」。日本風には「さわり」。
山場《やまば》 頂点。進行している物事の、最も重要な所。

ノート
用例中の「件《くだり》」は、「長い文章の一部分」＝「物語の一場面」を取り出して言う語。

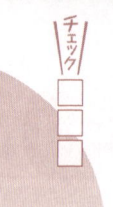

チェック□□□

委細《いさい》

細かく詳《くわ》しいこと。詳しい事情。

用例
まずはお電話ください。委細は面談のうえご相談します。

ポイント
「委」には、常用漢字表には採られていないが、「くわしい」という読みがある。「訓読み」に留意していると、「熟語の意味」を見当づけるのに役立つ。この「委細」は「詳しく細かい」意。そのほか、「委曲《いきょく》」の「委」も同意。「委曲を尽くす」の形で用いる。

漢字
委は、もとの「(女性が)なよなよする」意から「素直に従う」→「ゆだねる・任せる」意になった。この意味では、「委員」「委任」「委嘱《いしょく》」など。

類語
似た意味の言葉に「子細《しさい》」「詳細《しょうさい》」「精細《せいさい》」。計算結果などは「明細」。対して、大雑把《おおざっぱ》な内容は「概略《がいりゃく》」。

ノート
子細《しさい》　細かく、詳しい様子・事情。「子細ない」と言えば、「差し支えない」意。
委細構わず　細々《こまごま》とした詳しい事情は無視して、遠慮なく。

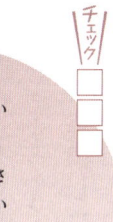

チェック □□□

会得《えとく》

意味を理解して自分のものにすること。

用例

長年の修行の結果、ようやく極意《ごくい》を**会得**した。

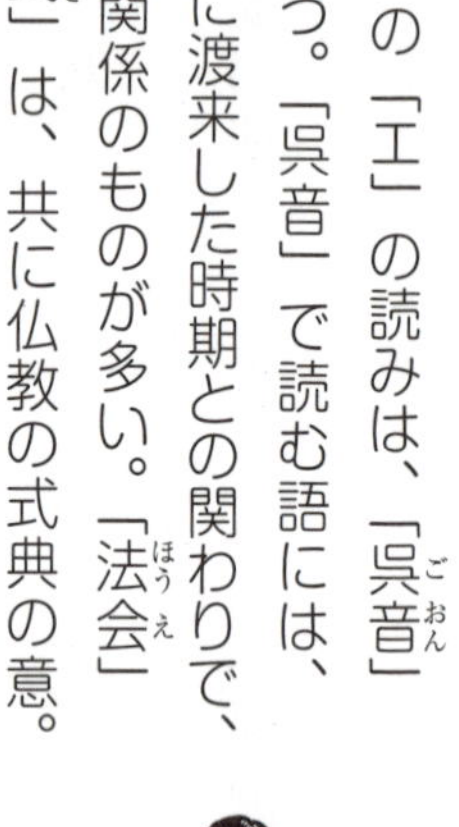

ポイント

「会」の「エ」の読みは、「呉音《ごおん》」と言う。「呉音」で読む語には、日本に渡来した時期との関わりで、仏教関係のものが多い。「法会《ほうえ》」「会式《えしき》」は、共に仏教の式典の意。その他の「エ」の読みの語に「会釈」がある。仏の教えを「会得解釈」すること。

会者定離《えしゃじょうり》　「出会えたものには必ず別れがある」という仏教の教えの言葉。

漢字

会は、旧字では「會」と書いた。上部が蓋《ふた》で、下部は大きな壺《つぼ》状の土器を表していると言う。蓋と壺がうまく「あう」、から「悟る・分かる」意が生まれた。**得**は、「悟る」意では「会得」の他、「得心」・「納得《なっとく》」など。

類語

体得《たいとく》　自らの経験を通して身に付ける意。「技能を体得する」

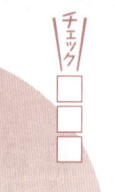

チェック□□□

慣用《かんよう》

ならわしとして一般に使い、なじんでいること。

用例
法律に則《のっと》るのも大事だが、この際は、慣用に従って判断したい。

ポイント
漢字の音読みには、幾つかの区別があり、日本に渡来した時期によって「漢音《かんおん》」とか「呉音《ごおん》」とか呼び分ける。これら中国伝来の音ではなく、日本で、昔から普通に用いられ、許容されている字音を「慣用音」と言う。このように、正統性はさておいて、使いなじんで生活に溶け込んでいることを「慣用」と言う。

同音異義語
肝要　非常に大切なこと。「細心の注意を払って実施することが肝要だ」
寛容　心が広く他人をよく受け入れること。「過ちをとがめず寛容な態度で接する」

ノート
「慣用音」には、例えば「消耗《しょうもう》」（体力などを使い果たすこと）の「もう」（本来は「こう」）や、「攪拌《かくはん》」（かき混ぜること）の「かく」（本来は「こう」）などがある。

チェック □□□

機《き》運《うん》

時の巡り合わせ。時機。

用例

じっと堪《た》えて待つうちに、勢力回復の**機運**が到来した。

ポイント

「気運」との使い分けが難しい。「機運」はあくまで「タイミング」であって、いわば「点」。一方、**気運**の「気」は、気分・雰囲気《ふんいき》など、動きや状況を言う字で、いわば「線」。大雑把《おおざっぱ》だが、「点」と「線」とで区別しよう。「機運が熟した」は、いよいよその時が来た、と「点」でとらえ、「気運が高まる」は、その時・その方向へ高まろうとする動きを「線」でとらえる。

漢字

機は、織機《しょっき》を始動する踏《ふ》み板の意から、「仕掛け」「タイミング」の意。**運**は、「軍」に巡る意があり、こちらも「巡り合わせ・タイミング」の意で使われる。

チェック□□□

機《き》転《てん》

物事に応じて、とっさにうまい考えが湧《わ》くこと。

用例

持ち前の柔軟な頭脳で、**機転**を利かせて窮《きゅう》地《ち》を脱する。

ポイント

大体が「機転が利く」「機転を利かす」と使う語。「気が利く」「気を利かす」とよく似ているが、「機転」の方に「とっさに」のニュアンスが強い。なお、「機転」と「気転」とは、共に使われ、いずれを書いてもよい。

漢字

機は、元来、織《しょっ》機《き》を始動する踏《ふ》み板の意。ものを動かすタイミングの意味で使う。**気**は、もと「蒸気」を表し、ここでは「様子」ぐらいの意。

類語

機《き》知《ち》　「機知に富む」というフレーズで使うことが多い。ウイット。「機知に富んだ会話を楽しむ」。なお、「気知」の表記はない。また、同音異義語に「既知《きち》」がある。

既《き》知《ち》　**既**は、すでにの意で、以前から知っている、あるいは、知られていること。

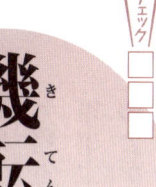

チェック□□□

機密《きみつ》

国や組織の、漏《も》らしてはならない大切な事柄。

用例
外務省に移って、軍事上の**機密**に触れる機会が多くなった。

ポイント
「意味」の冒頭に「国や組織の」と断っているのがミソ。すなわち、個人的な事柄には使わない語なのだ。例えば、「軍事機密」、「機密文書」等、「枢機《すうき》（物事の最も大切な所）に関わる秘密」の意。また、「機密費」と言うと、国家規模での秘密の費用。使途を示さずに支出できる。（企業の上層部に託されるものぐらいまでは「機密費」と呼んでよかろう。お父さんが「これはオレの機密費」と言ってポケットへ入れるのは、照れ隠しのシャレ。

漢字
機は、元来、織機を始動する踏《ふ》み板の意。「機密」では、「大事な所」の意で使われている。ほかに「機軸」。活動の中心の意。

類語
普通には「秘密」の語で事足りる。厳重な場合「極秘《ごくひ》」、隠し事は「秘事・密事」、個人的には「内緒《ないしょ》」。

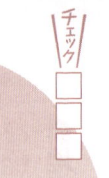

チェック□□□

群衆《ぐんしゅう》

群がり集まった多数の人々。

用例
首都の革命記念広場に、**群衆**が大挙して押し寄せた。

ポイント
「群集」と紛らわしい。こちらは「人などが一か所に群がり集まる」ことを言う。「群衆」は「人々(衆)」(名詞)で決まる、「群集」は「集まる(集)」(動詞)で決まる、と覚えよう。ちなみに、**群集心理**とは、人が多く集まった時に生じる心の動き。集団の中に入ると、自制心が弱まり、他人の言動に同調しやすくなる傾向を言う。

類語
群がり集まる状況は、「(黒山の)人だかり」、無目的で、物見高い人の群れは、「野次馬」とか**烏合《うごう》の衆**(統一なく集まった人々)と言う。

ノート
衆は、誤字の目立つ字。下部が「象」とは違う点に注意。「血」の下に、まず「ノ」を書いて、次が「縦棒」。「象」の時のように曲げてはならない。真っ直ぐ下ろして、きっちり留める。撥《は》ねてもいけない。

チェック

敬遠《けいえん》

表面は敬うように見せ掛けて、実は避けて近づかないこと。

用例

かつてのよき理解者も、今ではすっかり**敬遠**されている。

ポイント

『論語』の「鬼神を敬して、これを遠ざく」が典拠。従って、もとは「見せ掛けて」とか「嫌って」の要素はない。畏怖《いふ》すべき対象への、人間の態度を言ったものだ。「上司を敬遠する」と言っても「嫌がる」意識は、そんなに強くはなく、「煙たがる」に近い。また、「甘いものは敬遠する」は、「好きではないから、できるだけ食べないようにする」ぐらいの意味だ。こう見ると「意図的に避ける」ぐらいが、一番近い解釈。

類語

「敬う」意で用いる熟語に、「敬服」「敬老」「尊敬」などがあるが、「敬遠」に対して、心から敬う気持ちを表す語としては「敬愛」が最も近い。

対語

敬愛《けいあい》　大事に思い、親しみの気持ちを持つこと。「父を心から敬愛している」

チェック □□□

固《こ》有《ゆう》

もとから、そのものだけにあること。

用例

この国際化の時代にこそ、民族固有の文化を大切にしたい。

ポイント

「固有＝もとから有る」のだが、それが、何にあるのかが問題で、それをはっきりさせて使わないと、「そのものだけ」という独自性が生きない。用例では、「民族」が独自に持っているものを強調しているのだ。

漢字

固は「城の守り」の意から、「固く、しっかり」。ここでは「本来」の意。

類語

特有　そのものが、他とは違って持っていること。「固有」によく似た意味だが、「特価品特有の安っぽさ」を「固有」には置き換えにくい。「固有」の方が、「本質的な独自性」を好印象で受け止める要素の強い表現だからだ。

ノート

固《こ》有《ゆう》名《めい》詞《し》　同類のものの中で、個人・個体を区別するために用いられる名称。人名・地名・国名・書名・団体名等を言う。

チェック□□□

根幹《こんかん》

物事のおおもと。

用例
国民の信頼こそが、政治の根幹とならねばならない。

ポイント
木の部位のうちで、最も大事な「根」と「幹」を並べ用いて、物事の重要な芯《しん》になる部分を言う。「根本」と似ているが、「根本」が、「ねもと」を言うのに対し、「根幹」は、「根と幹」この二つを併せ持った熟語だから、「国民の信頼が、根幹だ」と「重要事項」そのものを言うのに適し、**根本**の場合は、「信頼を得るためには、不言実行が根本だ」と、大事な事柄を生み出す「もと」を言うのに適する。対応語は「枝葉」。

漢字
根は、根もとから「物事の大本」、さらに「耐える力」の意もある。「根気」「根性」「精根《せいこん》」など。

類語
基幹《きかん》　物事を成り立たせる一番の大本。「国家の基幹産業」
根源《こんげん》　一番もととなっているもの。「悪の根源」などの使い方もある。

チェック□□□

最期《さいご》

人の命の終わるとき。

用例

家族に見守られて、幸せな**最期**を迎える。

ポイント

「期」を「ゴ」と読む例としては、この「最期」と「末期《まつご》」「一期《いちご》」ぐらいか。呉音《ごおん》と言い、仏教的な言葉に多く見られる読み方だ。

末期《まつご》　「最期」と意味は同じ。「死に際」「死に目とも」「死に水」のことを「末期の水」と言う。

一期《いちご》の不覚　一生に一度あるかないかの失敗。

一期一会《いちごいちえ》　一生にただ一回限りの機会。どんな茶の会でも一生に一度と考えて、心を尽くすべきだという茶道の心得から。

漢字

期は、「其」の部分が、「一巡り」の意を表したと言い、「月」と合わせて「月の一巡りする期間」となった。

チェック□□□

自負《じふ》

自分の才能や仕事に自信や誇りを持つこと。

用例

精神力なら、誰にも負けない**自負**がある。

ポイント

「自分を語る」文章を書くとき、一番困るのが、「自己アピール」はしたいが、自慢たらしくはしたくない時だ。そんなときは、「褒《ほ》め言葉」を決して書かず、「自慢」ではなく「自信」のある、それも事実だけを書く。そして、最後は「……と自負している」で結ぼう。「自負」は、今時珍しく、手垢《てあか》に汚れておらず、つつましく「自慢」できる貴重な言葉だ。

漢字

自は、自分。**負**は、「ク」が「人」を表し、「貝」は財貨の意。合わせて、人が背に財貨を持つ意で、そこから「負う」意が生じた。

類語

似た意の語に「自恃《じじ》」というのがある。この「恃」も「たのむ」意。使ってみてちょっとかっこいい熟語に**矜恃《きょうじ》**がある。「矜」は「誇り」、「恃」は「頼みにする」意で、「自負」と同義。

チェック□□□

宿命《しゅくめい》

前の世から定まった、避けられない巡り合わせ。

用例

これも、自分に与えられた**宿命**だとあきらめる。

ポイント

できたら「自己推薦文」などには、使わない方がいい言葉。なぜか。「宿命」とは、人の力ではどうにもならない、到底「切り開い」たり、「乗り越え」たりできないものなのだ。つまる所、あきらめるしかないのだ。こうした、マイナスムードの言葉を使うと、文章全体がどうしても陰気になる。少なくとも、この語の周辺に、いいムードは生まれない。小説ならいざ知らず、読み手に好印象を与えることを主眼とする文章では、その語の持つ雰囲気を見極めて使いたい。

漢字

宿は、「以前からの」の意。「宿願」「宿敵」などと同じ。

類語

運命《うんめい》　物事の巡り合わせや人の身の上。「運」は一字でも「運がいい」「運を天に任せる」などと用いる。「宿命」より前向きに使え、「運命を切り開く」とは言うが、「宿命を切り開く」は言わない。

チェック □□□

出色《しゅっしょく》

他と比べて特に優れていること。

用例

展示されている中で、彼の作品は**出色**の出来映えであった。

ポイント

「色」と言っても、実際の「いろ」ではなく、「ものの様子」を言う。「異色」も同様だ。「出色」の場合は、「抜きん出た特色」の意。「抜群《ばつぐん》」とよく似ている。「群を抜く」＝群がる同類のものの中で抜きん出ているさまを言う。俗語だが、「ずば抜ける」とも言う。

類語

白眉《はくび》　中国の故事で、五人兄弟の最も優《すぐ》れた兄の眉《まゆ》に白髪があったから。

卓抜《たくばつ》　卓は「高い」意を表す。「卓越」「卓出」も同類。

屈指《くっし》　「指折り」に同じ。「球界屈指の大投手」。

粒選《つぶよ》り　多くの中から優れたものを選び出すこと。また、その選ばれたもの。選《え》り抜き。

ノート

物色《ぶっしょく》　多くの中から、目的に合った人や物を探し出すこと。「室内を物色する」。中国で古く「容色をもって人を求める」意に使ったからと言う。

チェック □□□

進取《しんしゅ》

自分から進んで物事をなそうとするさま。

用例
曽祖父《そうそふ》は、明治の人としては**進取**の気象に富んでいた。

ポイント
まず「進取の気象」と使う。この場合「気象」と表記するのが普通。「気象」は、一般には「大気の状況」を言うことが多いが、ここでは「気性」と同意。「彼は生まれつき気象がきつい」といった言い方もする。「進んでする」気持ちを、普通は、「積極的だ」「前向きだ」などと表現するのがお勧《すす》め。

漢字
進は、前へ出る意。「さらに上に進む」(進級・昇進など)、「いい方に進む」(進化・進歩)、「差し上げる」(進物・進呈)、「申し上げる」(進言)など。

類語
前向き　積極的に物事を進めようとする態度。「前向きに取り組む」
積極的　物事に進んで働き掛けるさま。
その他、「能動的」「意欲的」「自発的」も、結構「前向き」なムードを作る。

チェック □□□

制約《せいやく》

物事に、条件を付けて制限すること。

用例

あの時は、時間に**制約**があって十分なことができなかった。

ポイント

それを越えてはならないと定められた「枠《わく》」（範囲）のことだ。従って、「制約する」とは、その範囲（枠）を定めること。あるいは、その範囲から出さないようにすることだ。**制限**もよく似ているが、「制限」が、数的に明確なのに対し、「制約」はアバウト。「速度制限」は、〈時速五〇キロ以下〉というように、数的にはっきり決められる。しかし、「年齢的な制約」とは、「あまり高齢者は困る」と言ったあいまいな「制限」なのだ。

漢字

制は、刀で枝を断ち切る形で、「裁く・支配する」などの意を表し、ここでは「抑《おさ》える」意。**約**は、糸で括《くく》ることから、「切り詰める・絞《しぼ》る」意を表す。

同音異義語

誓約　固く約束すること。「同盟に先立って両国は誓約を交わした」

成約　約束・契約がまとまること。「悪条件を乗り越えて成約に至る」

チェック □□□

折半《せっぱん》

半分ずつに分けること。二等分。

用例

会費を徴収し、あとの出費は**折半**することになった。

ポイント

「折半」は、掛かってくる費用などの「負担」を、少々の条件差はさておいて、二人が均等に分け持つことを言う。収入分の「折半」もあり、「賞金は二人で折半する」と言える。とにかく、「条件抜き」と「等分」というのがミソ。

漢字

折は、「斤」が斧《おの》の意、「扌」はもと「丯」の形といい、「艸→艹」と同じ草の意で、斧で草を切る意を表していると言う。ここでは「分ける」意。

類語

割り勘　こちらも「均等割り」という点では同じだが、分母が異なる。「折半」は必ず2、「割り勘」は、2以上幾らでも可。ちなみに「割り勘」は「割り前勘定《かんじょう》」の略で、収入分を頭割りして分ける場合には使わない。

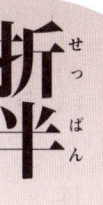

チェック□□□

洗練《せんれん》

磨きを掛けて、より優れたものにすること。

用例
若いころは、大都会の**洗練**された流行にあこがれていた。

ポイント
もともと「詩歌《しいか》や文章をよく練って、よりよいものにする」意だが、いまでは、広く、個人的には、人格や趣味等について、社会現象としては、流行や感覚等について、より「高尚《こうしょう》で、センスのいいものにする」ことを言う。大体が「洗練された」と受身形で使われることが多い。詩歌や文章の場合、対応概念は「生硬《せいこう》」。「未熟でぎこちない」意だ。

漢字
洗は、洗い清める意から、すっきりする、垢抜《あかぬ》けする意。**練**は、もとは、灰汁《あく》で煮《に》て艶《つや》を出した糸の意と言い、練り磨く意。

類語
粋《いき》　磨かれたセンスや、気の利いた物わかりのよさ。「粋《すい》」とも言う。
垢抜《あかぬ》けた　「垢」は本来「汚《よご》れ」の比喩《ひゆ》だが、ここでは「野暮ったさ」を言う。無粋さが抜けて、すっきりするのが「垢抜ける」。

チェック□□□

創意《そうい》

新しい考えや思いつき。

用例

いかにも彼女らしい、**創意**にあふれた作品が並んでいる。

ポイント

「創」の一字を名前にしている人がいる。「ソウ」と音読する人もいるが、「はじめ」と読む人も多い。この「創」の字は、「始める」「作り始める」「作り出す」と、《未来形》の意味を持った漢字で、名前として選ばれるのも、こうした前向きなニュアンスのせいだろう。「創意」にしても、「思いつき」という語に近いが、それより斬新で、個性的なアイデアの意を表せる。その他、「独創」「創造」などが、現代社会のニーズに合った感覚の語として受け入れられ、盛んに使われている。

独創　人真似でなく、自分で新しく作り出すこと。「独創的なアイデア」

創造　新しいものを自分の考えで造り出すこと。「新時代を創造するアイデアが求められる」対義語は「模倣」。

漢字

創は、「刂」が刀、「倉」が傷付く意で、元来、刀で傷付く意。「絆創膏《ばんそうこう》」の「創」は切り傷の意。

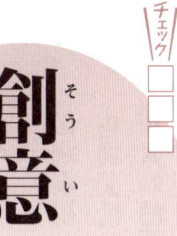

チェック□□□

台頭《たいとう》

勢力を増してくること。

用例
伝統重視の古典芸能の世界にも、新人の台頭が相次ぐ。

ポイント
今まで、他から気にもされなかったものが、みるみる力を付け、注目されるようになること。その意味では「進出」も近いが、こちらは、他の領域に発展する意であるのに対し、ある範囲内で急激に力をつけるのが「台頭」だ。

漢字
本来は「擡頭」と書く。**擡**は、「もたげる・持ち上げる」意。常用漢字にないので、「台」を借り用いる。

類語
頭角を現す　「頭角」とは、頭の先の意。優れた才能や学識が目立つようになる。「台頭」に最も近い意味を持っている。「学生時代はくすぶっていたが、卒業すると俄然《がぜん》、頭角を現した」

頭をもたげる　群を抜いて勢いを付ける。特に「考え」が起こってくる意に使う。「よからぬ思いが頭をもたげる」

チェック□□□

中傷《ちゅうしょう》

根拠のない悪口を言って、人の名誉を傷つけること。

用例

芸能界では、たとい新人であっても**中傷**の嵐《あらし》にさらされる。

ポイント

「中傷」とは、「過失に中《あ》てて、心を傷付ける」（人の弱みを突き、傷付ける）意だ。現在では、非難される確かな点がないのに、悪し《あ》様に言い立てられるケースを言う。また、よく「誹謗《ひぼう》中傷」と、四字熟語に使う。「誹」も「謗」も「けなす」意。

漢字

中は、「口」が、一般的な事物を示し、中央に縦線を入れることで「真ん中」を表す。そこから、「中央・内部・半《なか》ば・偏《かたよ》らずほどよい」、そして、「当たる」意に。「的中」「命中」「中毒」のような例がある。

類語

「悪口《わるくち》」を言う語には、「悪口《あっこう》・雑言《ぞうごん》・陰口《かげぐち》」や、「そし（誹・謗）る」「くさ（腐）す」などがある。

同音異義語

抽象　頭の中で、共通している性質を一つの概念にまとめること。単独で使うことは少なく、「抽象的」「抽象化」などと用いる。対応語は「具体」（127ページ）。

チェック □□□

直《ちょく》視《し》

物事を真っ直ぐありのままに見ること。

用例

困難の中でも、彼は現実を直視して柔軟《じゅうなん》な対応を見せた。

ポイント

「相手の顔を直視する」など、実際の「もの」を見るのが基本だが、抽象的に、物事を捉《とら》える場合にも使う。はぐらかしたり、予断を持ったり、また、逃げたりせず、事実をそのままに受け止めることを言う。

漢字

視は、一点に視線を集中させて見ること。

類語

「直視」に近いのが**正視**。しかし、「正視に堪えない」と、否定的に用いるのが普通。その他、しっかり見るのが、**凝視《ぎょうし》**（じっと見る）。「熟視《じゅくし》」（熱心に見る）、「注視」（注目して見る）、見方に差が出て、「軽視」（軽く見る）、「重視」（大事だと思う）。見もしないのは、「無視」。何も言わずに見ているだけの「黙視」は、「傍観」（76ページ）に近い。また、「重要視」「過大視」など、熟語に付いて、「～だという見方をする」意を添える。

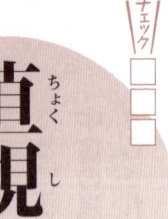

チェック□□□

的《てき》確《かく》

間違いがなく、確かなさま。

用例

現場が混乱する中で、彼女は常に的確な指示を出し続けた。

ポイント

言葉も様々で、使っていて、また読んでいて「気持ちのいい」言葉がある。もちろん個人差があるから、あくまで気分の問題だが、この「的確」という語、なかなか爽やかな語感を有する。「て・き・か・く」という舌触りも、また「的の真ん中を射貫《ぬ》く」爽快感を合わせて、「確かさ」をしっかりと表している。「適確」とも書いても同じ。

類語

的を射る（的中させる意から）うまく要点をつかむ。「複雑な経緯《けいい》が理解できたのは、彼の的を射た説明のお陰だ」

正鵠《せいこく》を射《い》る 「正鵠」とは、的の中央の黒い部分を言う。「的を射る」と全く同じ意味。

同音異義語

適格 「適は」かなう意。必要な資格があること。「規則に照らして適格だ」

チェック □□□

徒労《とろう》

無駄《むだ》な骨折《ほねお》り。無駄骨《むだぼね》。

用例

考えられるあらゆる手段を講じたが、すべては**徒労**に終わった。

ポイント

「重ねた労力が、無意味な結果となり、報われない」のが「徒労」、そして後に残るのが「徒労感」だ。「徒労」は広く使うが、出掛けたことが無意味だったときには、特に「無駄足」と言う。

漢字

徒は、「乗り物に乗らず歩いて行く」意がもとで、「歩兵」など、立場の低いものの意から、何も持たない（「徒手」）、何もしない（「徒食」）意になった。ここでは「何にもならない」意。**労**は、「力」が仕事、旧字「勞」の「𤇾」部分は、かがり火を表すと言い、「かがり火の下での労働」→「厳しい労働」となった。

類語

水の泡《あわ》　水の泡がはかなく消えるように、努力や苦心などが無駄になることの喩《たと》え。「これまでの努力が水の泡だ」

棒《ぼう》に振《ふ》る　これも「無駄になる」意。「一生を棒に振る」などと使う。「ふいにする」も意味は同じ。

チェック □□□

難航《なんこう》

物事が滞《とどこお》ってはかどらないこと。

用例

駅前の再開発計画は、住民の反対で**難航**した。

ポイント

もとは、船が「航行するのに難儀する」意だが、今では、一般的に「交渉《こうしょう》が難航する」などと用いる。対応語は「進捗《しんちょく》」。「難行」と表記されるケースもある。ただし「難行《なんぎょう》」と読めば、「大変厳しい修行」のことで別語。

漢字

難は、「隹」が鳥の意。災厄に遭った時に、鳥を生贄《いけにえ》にして祈る意がもとで、様々な意味が生じたと言う。ここでは「苦しみ・災い」の意で、「難儀」「困難」などの例がある。**航**は、「亢」に進む意があり、船で水の上を進むのが本来。現在では、航空機についても言う。

類語

いささか古いが、「～なずむ」の言い方が、「難航」に最も近い。「行きなずむ」「暮れなずむ」など。

チェック □□□

派生《はせい》

源《みなもと》となる物事から、分かれ生じること。

用例

一つ解決しても、また新たな問題が**派生**してくる。

ポイント

「枝分かれ」に違いないが、分かれた（派生した）方の「ウエイトが軽い」のがポイントだ。大きく二つに分かれて、二つがほぼ対等だと言うケースには使わない。例えば、「分岐《ぶんき》」や「分裂《ぶんれつ》」などとは、全く性格の違う語だ。せっかく心配して、危険性を指摘しても、相手から「そんなことは派生的な問題だ」と言われたら、大したことではないと、軽くあしらわれていると思わないといけない。

漢字

派は、「𠂢」の部分が、水が分かれ流れるさまを写すと言い、「分ける・分かれる」意を表す。「分派」も「派生」と同じだ。「分かれた系統」を言うようにもなり、「派閥」や「流派」などと使われる。

ノート

派閥《はばつ》　出身や利害関係によって作られた集団。職場や政党内などに見られる。出身校による派閥を「学閥」と言う。

チェック□□□

必至《ひっし》

きっとそこへ行き着くこと。

用例

膨大な負債額から見ても、倒産は**必至**の情勢だ。

ポイント

「必」は、「完全」「完成」などの「完」のように一〇〇パーセントではない。「建物が完成した」では、建物の出来上がりは一〇〇パーセント揺るぎがない。ところが、「必至＝きっとそうなる・なるのを避けられない」は、あくまで予測であって、「倒産は必至だ」と言っても、結果として、倒産しない場合もないわけではない。ちなみに「必ず」という語は、「仮ならず」の変化したものだと言う。

漢字

至は、地面に矢が突き刺さったさまをかたどった字だと言い、「到達する」意。極点にまで達したニュアンスの「至高」「至上」などがよく使われる。「夏至《げし》」「冬至」の「至」も「極点」の意。

同音異義語

必死 死ぬほどの覚悟で、全力を尽くすさま。死に物狂い。

チェック

未満《みまん》

一定の数・量に達しないこと。

用例

十八歳未満は入場できない決まりの場所に、十八歳になれば入れる。

ポイント

漢文式に「未満」を読み下すと、「未《いま》だ満たず」（まだそうではない意）となる。したがって「十八歳未満」に「十八歳」は含まれない。こうした「範囲」を表す語の「境界部分」は、たとえば、**「以上**・以下・以内・以遠・以前・以降」など、「以」を用いるものは、原則として「境界部分」を含む。ただし「以外」は、基準になる部分を含まない。

ノート

①期間を言う「足掛け」は両端を含む。対して、実質的な期間は、「丸」を使う。「丸三年掛かった」など。年齢の「数え年」は、生まれた年を一歳とし、翌年は元旦から大晦日《おおみそか》まで「二歳」である。満年齢は、誕生日から計算する。

②「以上」が「基準値」を含まないこともある。「子どもながら実力は大人以上だ」「千円以上は出せない」（千円は出す）「これ以上協力できない」。

チェック□□□

良識《りょうしき》

社会的に見て健全・適正なものの考え方や判断力。

用例

社会人になって、そんな身なりでは**良識**を疑われる。

ポイント 大正時代（一九一二〜一九二六）に、フランス語「bon sens」の訳語として作られたと言う。

漢字 **識**は、もと、言葉の善し悪しを見分ける意味の漢字。「識別」「認識」など。

用例の「良識」は、「見識」にも「常識」にも置き換えられる。

類語 **見識《けんしき》** 物事についての優れた意見や判断力。
常識《じょうしき》 世間一般の人が、共通して持っている知識や判断力。

ノート 「常識」は、あって当たり前。「良識」は、優れた状態を言うが、穏やか。「見識」は、三者のうちで、最も「格が高い」が、その分、「見識が高い」や「見識張る」というと、気位や見栄《みえ》が先に立ち、いい意味には使わなくなってしまう。

悪《あく》戦《せん》苦《く》闘《とう》
困難な状況の中で苦しみながらも努力すること。

暗《あん》中《ちゅう》模《も》索《さく》
手掛かりもないままにあれこれ探ってみること。

唯《い》唯《い》諾《だく》諾《だく》
少しも逆らわないで他人の言いなりになること。

異《い》口《く》同《どう》音《おん》
多くの人々が口をそろえて同じことを言うさま。

以《い》心《しん》伝《でん》心《しん》
何も言わなくても互いに気持ちが通じ合うこと。

一《いち》網《もう》打《だ》尽《じん》
主に悪い仲間を、みんな一度につかまえること。

一《いっ》挙《きょ》両《りょう》得《とく》
一つのことをして同時に二つの利益を得ること。

一《いっ》触《しょく》即《そく》発《はつ》
わずかなきっかけでも爆発しそうな危険な状態。

一《いっ》進《しん》一《いっ》退《たい》
少し進んだかと思うと、また戻ってしまう状況。

一《いっ》石《せき》二《に》鳥《ちょう》
一つのことで同時に二つの利益を手にすること。

一《いっ》刀《とう》両《りょう》断《だん》
一刀で切り裂くように思い切って決断すること。

意《い》味《み》深《しん》長《ちょう》
行為や言葉の奥に深い意味が含まれていること。

因《いん》果《が》応《おう》報《ほう》
行いの善悪に応じてそれ相応の報いがあること。

雲《うん》散《さん》霧《む》消《しょう》
雲や霧のように、跡形もなく消えてしまうこと。

我《が》田《でん》引《いん》水《すい》
自分の利益になるように取り計らうこと。

危《き》機《き》一《いっ》髪《ぱつ》
非常に危険なことが、すぐ間近に迫った状態。

起《き》死《し》回《かい》生《せい》
望みのない状態から、良い状態に盛り返すこと。

起《き》承《しょう》転《てん》結《けつ》
文章の組み立ての意から、物事の構想や順序。

疑《ぎ》心《しん》暗《あん》鬼《き》
疑うと何でもないことまで不安に思われるさま。

喜《き》怒《ど》哀《あい》楽《らく》
喜び・怒り・悲しみ・楽しみなどの様々な感情。

PART 2

ワンランク上の語

文章を書くときに、普通に使える語、それが「基本語」でした。

でも、それだけではいささか物足りません。自分の日常生活を書くなら、「家族に恵まれ、毎日幸せに暮らしている」の記述で、何の問題もありません。でも「政治は、庶民の日常生活の幸せを希求し……」と、書き進めてみると、やはり「庶民の幸福」としたくなります。話し言葉に近い文章は、確かに、親しみやすくはありますが、**自分の主張をしっかり述べたい場合には、少し硬めの、揺るぎのない歩調の文章が望ましい**でしょう。

述べる「内容」が同じでも、「用語」をどう工夫するかで、文章のランク、言うなら「格」が違ってくるのです。自分の身に付いている「基本語」を中心に書き進めはするが、「ここぞというところで使ってみたい語彙」を、**五〇語**選んでみました。

どう使うのがベストか、具体的な「使い方」にも及んで説明してありますので、ぜひうまく活用してみてください。

チェック □□□

確執《かくしつ》

自分の主張を互いに譲らないことから生じる、不和や争い。

用例

二人の間には、学生時代からの**確執**が尾を引いている。

ポイント

「確執」は、本来は「固執《こしつ》」（51ページ）に近い意味で、二人の間に、互いに持ち合う「強いこだわり」を言う。直接的な喧嘩《けんか》や紛争《ふんそう》状態とは違う、「静的な対立・離間」が続いていること。

漢字

確は、固い意。**執**には、「取る・扱う・守る・拘《こだわ》る」などの意味があり、ここでは、こだわる意。「確執」で「非常に強くこだわる」が原義。**執**には、シツ・シュウの音があり、「かくしゅう」と読むこともある。

類語

「不和」を言うとき、「反《そ》りが合わない」「角《つの》突き合う」「にらみ合う」「溝《みぞ》ができる」などと使う。「軋轢《あつれき》」も意味は近いが、作文に使う熟語ではなく、読めれば十分。

チェック □□□

看過《かんか》

大目に見ること。見逃すこと。

用例

人事の混乱は、**看過**できない事態に立ち至った。

ポイント

「見過ごす」や「見逃《のが》す」には、「うっかり見落とす」場合と「見ていて見ぬふりをする」場合がある。「看過」は、どちらかと言えば「見ぬふり」のニュアンスが強く、用例のように「看過できない」と、否定の言い方をして「見逃せない」意を強調して言うことが多い。

漢字

看は、目の上に「手」をかざして、遠くをじっと見る意。見渡す意で「看板」、じっと見る意で「看病」「看守」など。また、**観**は、「ざっと見回す」意で、「観察・外観」と使い、「世界観」のように「ものの見方」を意味することもある

関連語

「見ても何もしない」意の語に、「傍観《ぼうかん》」（76ページ）「座視《ざし》」（52ページ）がある。

チェック

喚起《かんき》

注意や自覚を呼び起こすこと。

用例

大統領の演説は、核兵器廃絶の世論を喚起した。

ポイント

「喚起する」とは、「不活発だと感じる事柄について、それに関わる相手が、気が付くように働き掛けること」を言う。比較的使用範囲の限られた語だから、「注意を喚起する」の一例をインプットしておけば、「注意」を「世論」や「自覚」などに置き換えることで、十分に使いこなせる。

漢字

喚は、大声で叫び・呼ぶ意。**起**は、「走り始める」から転じて「(何かを)起こす」意を表す。

同音異義語

換気 空気を入れ換えること。「一定の時間をおいて部屋の換気をする」

歓喜 非常に喜ぶこと。「十年ぶりの優勝に選手一同が歓喜した」

勘気《かんき》 **勘**は、「勘当」の「勘」と同じで「罪を問いただす」意。主君や親などから叱られること。また、そのお叱り。「父の勘気に触れ家を出る」

チェック□□□

肝腎《かんじん》

なくてはならない、大事なこと。

用例

たかが風邪《かぜ》だと思っても、用心するのが**肝腎**だ。

ポイント

肝臓《かんぞう》や腎臓《じんぞう》は、人間にとって大切な臓器《ぞうき》であることから言う。同じく大事な心臓をイメージして「肝心」とも書く。さらに強めて「肝心要《かんじんかなめ》」と言う。

漢字

肝　「干」は、「幹《みき》」の意と言う。臓器の中でも、幹に当たる臓器であるという意から、広く「大切な所」（＝かなめ）を言うようになった。精神的な要《かなめ》＝「心」を言うこともあり、「肝銘《かんめい》（感銘）を受ける」「肝胆《かんたん》相照らす」（打ち解けて深く付き合う）などと使う。

類語

平易な表現では、大切・重要など。差し迫った大事は「喫緊《きっきん》」と言い、「債務解消は喫緊の課題だ」と用いるが、日常の作文には、まず使わない言葉だ。

肝要《かんよう》　大事な「肝」と、かなめの「要」を合わせて作られた語だから、「非常に重要だ」の意。「厳しい冬に向かう折、体に十分注意することが肝要だ」

チェック□□□

緩《かん》和《わ》

厳しい、あるいは、激しい状況を和らげること。

用例

「増産の見通しが立ったので、輸出制限が**緩和**された。」

ポイント

基本は「緩《ゆる》める」意だが、「縛《しば》ったロープを緩和する」などとは使わず、制度や制限など抽象的なルールに関して言うのが普通。

漢字

緩は、もと糸を緩《ゆる》める意で、「急」の対応語。「緩急《かんきゅう》」と対で使われ、制御《せいぎょ》の巧みなことを「緩急自在」と言う。また、「緊」と対応しても使われ、「緊張」に対して、気持ちが緩むのが「弛緩《しかん》」。

類語

緩衝《かんしょう》　対立する二者の間で、その緊張を和らげること。「緩衝装置《そうち》」

ノート

緩衝地帯《かんしょうちたい》　対立する二国の中間にあって、両国が直接衝突する危機を緩和する役割を果たしている地域。個人的な対立についても比喩《ひゆ》的に使う。「父との対立は抜き難かったが、母が緩衝地帯となってくれていた」など。

チェック □□□

危《き》惧《ぐ》

うまくいくかどうか、心配し、恐れること。

用例

災害がうち続き、このままでは国家の将来が**危惧**される。

ポイント

普通は「心配」や「恐れ」を使った表現の方が自然。例えば、用例の場合でも「国の将来が心配される」で十分通じる。ただ、「心配」を使った例文では「国家」を「国」にしてある点に注目。国家＝危惧、国＝心配と、用字のバランスが大事。「生徒の意欲減退を危惧する」「生徒の元気がなくなるのを恐れる」、文章全体のトーンを考えて、用語を選ぼう。

漢字

惧は、「懼《く》」の俗字。びくびく恐れる意。新たに常用漢字に加えられた。本来の読みは「ク」だが、「具」の「グ」にひかれたか、現在は「きぐ」の読みが普通。

類語

心痛《しんつう》　非常に大きな心配。「殿下のご心痛が思いやられる」

憂慮《ゆうりょ》　（慮は恐れ）心配し気遣うこと。「憂慮すべき事態に立ち至る」

チェック□□□

機微《きび》

表には現れない、微妙な事柄。

用例
不惑《ふわく》を過ぎて、ようやく人生の**機微**を解せるようになった。

ポイント
「機微に触れる」「機微に通じる」など、決まった言い回しがあり、文章効果として微妙に働いてくれる語。例えば、「三年間の下町暮らしは、人情の機微に触れるいい機会になった」の例文でも、「機微」の具体的な意味内容は不明確だが、「人の生活環境の多様さをなにがしかつかんだ」という実感が伝えられる。極論すれば、少々あいまいな使い方をしても、それなりの雰囲気を作ってくれる語。ただし、乱用は禁物。

漢字
機は兆《きざ》し、**微**はかすかの意。「機微」の表にはっきり出たものでない、微妙なニュアンスをつかみたい。

類語
趣《おもむき》 心引かれる風情《ふぜい》。気分、感じ。「別世界の趣がある」。「機微」より広く、風物の微妙な気分を言う。

ノート
用例の「不惑」は四十歳の異称。「還暦《かんれき》」が六十、「古希《こき》」は七十。

チェック □□□

逆《ぎゃく》説《せつ》

一般の考えとは逆さまの説・主張。

用例

逆説的ではあるが、貧しきものこそ幸せだと思う。

ポイント

普通なら「急ぐときは真っ直ぐに」と思って当然だが、「急がば回れ」ということわざは、その当然を裏返した言い方をして、火急の時ほど落ち着くことが必要だという、一面の真理を突いている。こうした考え方・述べ方を「逆説」と言う。**パラドックス**とも。

ノート

紀元前五世紀にゼノンという哲学者がいて、逆説的論証で知られる。最も有名な話が「アキレスと亀《かめ》」。駿《しゅん》足《そく》ランナーのアキレスが、前を行く鈍足《どんそく》のカメを追う。アキレスが幾らか走るとその間にカメもわずかでも前に行く。その差を埋めようとすると、その間にまたカメは前に進む。結局、アキレスはカメに追い付けない。

チェック□□□

享受《きょうじゅ》

受け取り、自分のものにすること。

用例

古代日本人は、「絹の道《シルクロード》」を通して西欧文化を**享受**した。

ポイント

特に、自然界からの恩恵を受けること（「太陽の恵みを享受する」）や、文学・音楽・美術など、広く芸術作品を、楽しみ受け入れること（「古典芸能の数々を享受する」）を言う。物質的な「もの」をもらったことについて、例えば「多額の寄付を享受した」などとは言わない。

漢字

享も「受ける」意を表す字だが、神・自然・芸術などの恩恵を「受容」する意に限る。天から授けられた年数が「享年《きょうねん》」で、人が亡くなった時に「享年八十歳」などと使う。あと、思う存分に受け入れ楽しむことに「享楽《きょうらく》」と使う程度。

類語

「享受」に一番近い語は**受容**だが、こちらは、自分にとってマイナスになる事柄であっても、許し、包み込む意で広く使う。

チェック□□□

苦《く》渋《じゅう》

事がはかどらず、苦しみ悩むこと。

用例

辛《つら》い決断を迫られ、父は苦渋の表情を隠さなかった。

ポイント

本来は、苦くて渋い「味」の感覚を表す語だったが、現在では、辛《つら》く苦しい「気持ち」を形容する語として用いる。「表情」だけでなく、「苦渋の決断（を迫られる）」など、行動についてもよく使う。

類語

難儀　「難しく苦しい状況」を言い、「難儀を掛ける」と言えば「迷惑」、「難儀する」と言えば「苦労」の意。

辛酸《しんさん》　（「酸」も辛《つら》い意で）つらく苦しい思い。「辛酸を嘗《な》める」

苦汁を嘗《な》める　嫌《いや》な、つらい経験をする。「苦汁を味わう」と言っても同じ。また、「苦杯《くはい》を喫《きっ》する」（悔しい負け方をする）も近い言い方。

チェック□□□

経緯《けいい》

いきさつ。細かい事情。

用例
みんなの気持ちが落ち着いたので、事件の経緯を説明した。

ポイント
「込み入った内部事情や子細」を言う和語の「いきさつ」に「経緯」の漢字を当てたもの。

漢字
経は、機織りの「縦糸《たていと》」を写した字。**緯**は、これに対して「横糸」を表す。地図上の経度・緯度のように、縦横の「道筋」を言うことから「いきさつ」の意味に。

類語
子細 （「子」も細かい意で）物事の詳《くわ》しい事情。「事の子細を報告する」
経過《けいか》 時間が進むに従っての物事の状態。「手術の経過は良好だ」
成り行き 物事が経過して行く様子。また、その結果。「このまま成り行きを見守っていよう」

ノート
「いきさつ」は、一説に「行き沙汰《さた》」から生まれた語と言う。

チェック □□□

契機《けいき》

きっかけ。動機。

用例

恩師の一言が、私を医療の道に進ませる**契機**となった。

ポイント

ドイツ語 Moment の訳語と言い、哲学者ヘーゲルが、自らの理論（弁証法《べんしょうほう》）を展開させるために用いた語。「物事が存在するのに不可欠な要素、あるいは、物事の発展段階で通らなければならない条件」を意味したと言うが、いまは、普通に「きっかけ」の意で用いている。

漢字

契は、元来「大型の割《わ》り符《ふ》」を表す字。「割り符」とは、紙や木片《もくへん》に、約束の文言《もんごん》を書いたり、判を捺《お》したりして二つに分け、後日の証拠とするもの。従って「約束・合わせる」意に用いる。「契約《けいやく》」の語が最もポピュラー。**機**は、元来、織機を始動する踏《ふ》み板の意。仕掛けの意で、「機械・機関」、タイミングの意で、「機会・待《たい》機《き》・機先」などと使う。

ノート

きっかけは「切り掛け」の音便形《おんびんけい》で、「ものの始め・糸口」の意。

チェック□□□

傾倒《けいとう》

夢中になったり、尊敬したりして心が引き寄せられること。

用例

母は、学生時代にモーパッサンに**傾倒**していたと言う。

ポイント

「ものを逆さにして、中のものを出し尽くす」ことが原義。しかし、今ではそんな意味に使う人はいない。何かに「夢中」になるのだが、「夢中」と異なる特徴は、対象が「人物」に限定されること。加えて、「敬う気持ち」がもとにあってひかれるという点だ。

漢字

傾は、心を寄せる意。例えば「心が傾く」と使うように、「傾く＝傾斜がつく」は、そっちの方に気持ちが向く・動く意。

類語

「敬う」意味の言葉は、尊敬・敬慕《けいぼ》・尊崇《そんすう》・崇拝など結構多いが、「傾倒」は夢中になる要素が強い。

心酔《しんすい》 ある人に感服し、その人を心から尊敬すること。ここの「酔う」は、心奪われる意。58ページ参照。

私淑《ししゅく》 直接教えを受けてはいないが、密《ひそ》かにある人を尊敬し、手本として学んでいること。

チェック□□□

希《け》有《う》

非常に珍しいさま。

用例
創業以来初の、月産十万台という**希有**の記録を達成した。

ポイント
「希」も「稀」も、まれな・薄い・滅多《めった》にない意。「希＋有」だから「希に有《まれ》る」のだが、普通、裏返し表現の「滅多にない」の言い方が自然で一般的。そうそう使う語ではないが、「本当に珍しい」と強調したいときに、「希有」と漢語表記すると、雰囲気が出せる。

漢字
ケ・ウともに呉音《ごおん》。ケは常用漢字表外読み。

ノート
ほかに希少・希薄《きはく》・古希《こき》（七十歳の異称。古来まれな長寿の意）などと用いる。「稀」もまれの意で用いる字だから「稀有」「稀少」等と書いてよいのだが、「常用漢字」になく、「希少」の表記が定着している。なお、「望む」意味で「稀」は使わない。

類語
「まれ・珍しい」意味を表す類語が意外に少ない。その意味で「非常に珍しい」ことを表現できる「希有」の語は、貴重な存在。

チェック□□□

欠如《けつじょ》

欠けていて、足りないこと。

用例

自由な気風の広がりとともに、公共心の**欠如**が問題になる。

ポイント

「集中力・判断力の欠如」「集中心・好奇心の欠如」など、抽象的、精神的な物事に不足のあることを言う。物質的なものについては、「食事の量の不足」「店頭商品の不足」など、いずれも「不足」で表す。

漢字

如は、状態を表す語に付いて、語調を整える接尾語。他に、「突如・躍如《やくじょ》」などの例がある。「突如」「躍如」は「突然」「躍然」と同意に用いるが、「欠然」は言わない。「如」が付くのは、この三例ぐらい。

突如　急に。不意に。「経営難から給料の支給が突如停止された」

躍如　（「躍」は踊り動く意で）生き生きと目の前に現れてくるさま。

ノート

面目躍如《めんもくやくじょ》　いかにもその人らしく生き生きとしているさま。

チェック□□□

言質《げんち》

後で証拠となる、約束の言葉。

用例

あのとき、叔父《おじ》は「困ったら助ける」との**言質**を与えた。

ポイント

高校生にはなじみが薄かろうが、「質屋《しちや》」という町の金融機関は、担保《たんぽ》になる品物を持って行かないと金を貸してはくれない。また、約束の期日までに、借入金を返済しないと、「質流れ」と言って、担保の品（質物《しちもつ》）は没収される。この仕組みのように「担保にするもの」を「質《しち》」と言い、後のことを約束し担保する言葉を「言質」あるいは**言葉質**《ことばじち》と言う。

漢字

質は、本来「ある金額と同じ価値のもの」の意を表した。その際は「シチ」あるいは「チ」と読む。後、借りて「中味・生地《きじ》」の意味で使い、本質・実質・性質……など、現在は「シツ」の読みが圧倒的だ。ちなみに、チは呉音《ごおん》。「げんしつ」と読むのは誤り。

ノート

「言葉質」に似ているが**言葉尻**《ことばじり》は「ささいな言い損ない」の意。「言葉尻をとらえて嫌味《いやみ》を言う」

チェック □□□

拘泥《こうでい》

必要以上に気にすること。こだわり。

用例

些事《さじ》に**拘泥**していては、物事の根幹を見失う。

ポイント

基本的には「こだわる」と同概念でありながら、漢語特有の、相当硬い語感を持っている。「小さなことにこだわる」↔「些事《さじ》に拘泥する」ぐらいの感覚の違いがあると思って、前後との調和に気をつけたい。「こだわる」ということでは同じだが、次ページの「固執《こしつ》」とニュアンスが微妙に異なる。

漢字

拘は、「手で留める」のが原義で、「捕らえ止める」意では、拘束・拘留など、「関わる・こだわる」意で拘泥。**泥**は、「泥のように粘り着く」から「滞《とどこお》る」意。ちなみに「泥」の訓読みは「なずむ」。

関連語

確執《かくしつ》　両者の間に長く残るこだわり。名詞的に「わだかまり」の意で使う。

チェック □□□

固執《こしつ》

自分の意見を最後まで主張し続けること。

用例

頑固《がんこ》な父は自説に固執し、最後まで妥協《だきょう》しなかった。

ポイント

前ページの「拘泥《こうでい》」とは、ほぼ置き換えが可能な類義語だが、「拘泥」が「大したことでもないのに、あれこれいつまでもこだわる」という趣が強いのに比し、「固執」は「自分の主義主張・考え方に関わる事柄を、飽くまで貫き通そうとする」ところに力点がある。「ささいな事柄に拘泥する」も「ささいな事柄に固執する」もともに言えるが、「ささいなことでも、自分にとっては大事な事だから」という気分が「固執」にはある。

漢字

固は、「城をかたく守る」が原義と言う。「固い」から「頑《かたく》な」の意に変じた。**執**は、こだわる意。「固執」で「意地を張って強くこだわる」が原義。「コシュウ」とも読む。

関連語

執着《しゅうちゃく》　深くとらわれるさま。「固執」は、「こだわる」意味では「拘泥」に近いが、「とらわれる」意味では、この「執着」が近い。

チェック□□□

座視《ざし》

見ていながら、関わらないこと。

用例

彼女の最近の窮状《きゅうじょう》は、座視するに忍びない。

ポイント

座は、ここでは「座ったままで動かない」、**視**は「見ている」意だから、「自分が、動くべきだと思われることが、現に目の前で起こっているのに動かない」意。「傍観《ぼうかん》」とともに、否定的な意味合いで用いる。その分、用例のように、さらに否定すると、「何とかしたい」という気持ちが強調される。「忍びない」は「耐えられない」意。

漢字

座「すわる」意では、本来「坐」と書いたが、常用漢字にないので、現在ではすべて「座」を用いる。「座」は、もともと「すわる場所」の意。**視**は、じっと見る意。「見」はseeに、「視」はlookに近いと思えばよい。「注視・凝視《ぎょうし》・監視・（衆人）環視」などは「視」を用いる。

関連語

「見ていて何もしない」意で「傍観《ぼうかん》」（76ページ）、「見逃す」意では「看過」（35ページ）。

チェック □□□

斬新《ざんしん》

思いつきが目新しく、珍しいさま。

用例

受賞作の、明確な論旨と**斬新**な切り口が評判を呼ぶ。

ポイント

褒《ほ》め言葉として最近よく使われる。漱石も『我が輩は猫である』で使っているくらいだから、特に新しいわけではないが、新鮮な発見を評するときに使い勝手のいい言葉。古くさくて面白くないのは**陳腐**《ちんぷ》と言う。

漢字

斬は、車で轢《ひ》き、斧《おの》で斬《き》る、刑罰を表すことでできた字。新しく常用漢字に入ったが、他には「斬殺《ざんさつ》」ぐらいだろう。訓読みは「きる」だが、常用漢字表には採られていない。「斬新」の「斬」は「甚《はなは》だ」の意。

類語

新奇　変わったことをわざとして見せるさま。奇を衒《てら》う。「斬新」が、目新しさに好感を持っているのに対し、「新奇」には、わざとらしさが否定出来ない。

チェック□□□

示《し》唆《さ》

それとなく示し、気づかせること。

用例

昨日の講演は、今までになく**示唆**に富む内容であった。

ポイント

唆は、訓が「そそのかす」で、「はっきり口に出して指示するのではなくて、相手をその気にさせる」ことを表す字。熟語では「示唆」「教唆《きょうさ》」以外にはまず使わない。**教唆**は、「殺人教唆」などと使い、よくないことに誘う意味が強い。また、「示唆」は「それとなく示す」意に用いる。「首相の解散を示唆する談話に関心が集まる」など。この場合、「ほのめかす」「匂《にお》わす」に近い。

漢字

示は、見せて分からせる意。「ジ」の読みが普通で、「示唆」も「じさ」とも読むが、一般的には「しさ」。**唆**は、けしかける意。

関連語

暗示　それとなく示す。「示唆」のように、「(それとなく示して) 何かをさせる」までの強い表現ではない。「昔話に事寄せて対策を暗示する」

チェック□□□

執《しゅう》着《ちゃく》

深く思いを掛けて、とらわれること。

用例

仏道に帰依《きえ》し出家を果たしたが、生への**執着**は断ちがたい。

ポイント

もともと仏教的なニュアンスの強い語。「しゅうじゃく」と「着」を呉音《ごおん》で読むと、一層「仏教色」が強くなる。俗世間への愛着断ちがたい思いを言う。だが、現在では、「金銭に執着する」「地位に執着する」など、現実社会での、自分にとって有利な事柄にとらわれ、離れられないことに専ら用いる。読みも「しゅうちゃく」が普通。

漢字

執 51ページ「固執」参照。**着**は、「著」の草書体から作られた字と言い、もとの「つく・つける」意は「着」が表し、「著」には「あらわれる・あきらか」の意が残ったと言う。

チェック□□□

需要《じゅよう》

必要だとする要求。

用例

好景気が続き、需要に供給《きょうきゅう》が追い付かない。

ポイント

需・**要**ともに求める意で、合わせて「需要」で「必要だとして求めること」を言う。例えば、「被災者の需要に応える」。災害に遭遇した人たちは、住む所・食べるもの……とにかく、必要とするものは多い。この「欲しいという要望」が需要なのだ。現在一般に使われるのは、経済活動全般の中で、商品やサービスを購入しようという欲求のこと。これに「商品を生産し、サービスを提供する対応」を**供給**《きょうきゅう》と言う。

漢字

需は、もともとは「雨にぬれる」意だったと言う。なるほど「濡れる」には「需」が含まれている。

同音異義語

受容　他人の心理や訴えなどを、自分の心に受け入れること。また、芸術作品などを理解し、味わい楽しむこと。

ノート

習慣的に、ガス・電力の場合には「需用」の表記が用いられる。

チェック□□□

遵守《じゅんしゅ》

教え・規則・道理などに従い、よく守ること。

用例
入学した暁《あかつき》には、学則を**遵守**し、勉学に励む決意です。

ポイント
「嫌々《いやいや》、仕方なしに」ではなく、「道理を理解し、積極的に守る」ことを言う。法律を守る場合を「遵法」と言い、「遵法精神」と四字熟語で使うことが多い。

漢字
遵は、従う意を表す。「遵」の字にはなじみが薄いから、新聞などで「順守・順法」の代替表記が用いられることがある。

ノート
しっかり守る意味に**厳守**がある。「法律を厳守する」と、「遵守」同様に言える。しかし「遵守」には自発的な要素が強いから、他人に対して守ることを求める場合には、「厳守」の方が合う。「集合は時間厳守」。

チェック□□□

心酔《しんすい》

ある人を、心から尊敬すること。

用例
会ったこともないが、著作に惹《ひ》かれ師として心酔している。

ポイント
もともとは、「音楽・文学に心酔する」など、広く「物事に熱中する」意だが、現在では、「人に敬服する」意が主になった。陰ながら尊敬し、手本としていることを「私淑《ししゅく》」と言う。

漢字
酔は、「酒に酔う」意だが、「心が奪われる」意に転じて使われる。ほかに「陶酔《とうすい》」（うっとりした気分に浸《ひた》るさま）がある。

類語
畏敬《いけい》　かしこまり敬うこと。「畏」は、恐れる意だが、ここでは「こわがる」より「強く敬う」意。

ノート
「敬う」意の類語に、「尊敬・敬愛・崇敬《すうけい》・尊崇《そんすう》」など多いが、「仰望《ぎょうぼう》（はるかに仰ぎ見る）・敬慕《けいぼ》（人柄に魅力を感じる）」には、敬う対象から離れてあこがれる趣が強く、「傾倒《けいとう》」（46ページ）には「心酔」に近い「強く心惹《ひ》かれる」ニュアンスがある。

チェック □□□

進《しん》捗《ちょく》

物事が段取りよく、順調に進むこと。

用例

「工事の**進捗**に合わせて新社屋への移転計画を進める。」

ポイント

「進捗状況を報告する」などとよく使うわりに、大人でも漢字が書けない代表格。わざわざ使わなくてもいいが、もし「進み具合」を言い表したくなった時は、使うチャンス。なお、この「捗」の漢字、新しい常用漢字表では、旁《つくり》の「歩」に「丶」がない。ただし、手書き文字では、「交渉」の「渉」同様に「丶」を入れても問題ない。

漢字

「はかが行く」とか「交渉がはかばかしく進まない」などの「はか」は「物事の進み具合」を言う語で、漢字では「捗」を当てる。従って「はかが行く」を二字熟語にすると「進捗」だと思えばよい。

類語

意味では**進展**も近い。ただ、「進捗」は「進み具合」だけでも言うが、「進展」は「展」に「盛んになる」意があり、好調な進み具合に限る。

チェック□□□

遂《すい》行《こう》

最後までやりおおせること。成し遂《と》げる。

用例

多くの危険を冒《おか》しながらも、見事任務を**遂行**した。

ポイント

現在「遂」の字が使われる熟語は、この遂行と「完《かん》遂《すい》」「未《み》遂《すい》」の三語ぐらいだろう。「完遂」は「完成」に近い意味だが、途中経過としての努力や苦労まで感じさせる。**未遂**は「殺人未遂」がよく使われ、殺す意思がありながら、なしおおせなかった意。字体が「墜」に似ているので「ツイ」と読み間違われることが多い。

漢字

遂は、最後まで推《お》し進める意を表す。訓は「とげる」。**行**は、おこなう・成す意。

同音異義語

推《すい》敲《こう》 文章をよく練ること。中国・唐代《とうだい》の詩人である賈《か》島《とう》が「僧は推《お》す月下の門」の文句を「推す」にしようか、「敲《たた》く」にしようか、考えに考えたという故事による。

チェック□□□

席巻《せっけん》

ものすごい勢いで、勢力範囲を広げること。

用例

起業わずか三年で、中東市場を**席巻**する勢いだ。

ポイント

「巻土重来《けんどちょうらい》」という四字熟語がある。劣勢になったものが、土埃《つちぼこり》を巻き上げて、逆襲してくる意。「巻」は「捲」とも書き、「重来」は「じゅうらい」と読んでもよい。この「巻」のイメージが、「席巻」にも通じている。「むしろが巻き上がるほどの勢いで」の意。本来は「すごい勢いで領土を奪い取る」のだが、今は一般に「テリトリーを広げる勢いが並ではない」ことを言う。

漢字

席は、むしろ（筵）の意。
巻は、巻《ま》き上げる意。

ノート

「人権蹂躙」とよく使う「蹂躙《じゅうりん》」も、勢いのすごさでは「席巻」に負けない。「（暴力・権力で）人の権利や領域を踏みにじり、台なしにする」ことを言う。

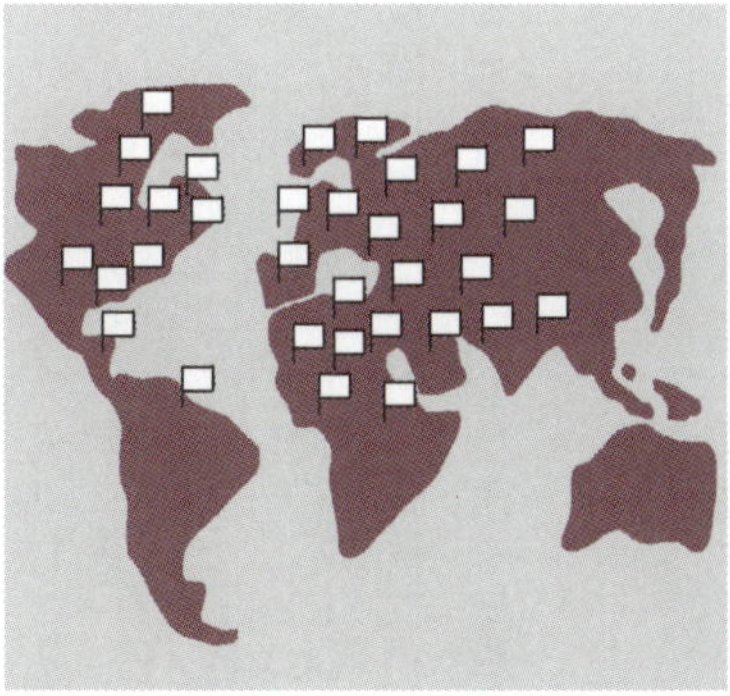

チェック□□□

折衝《せっしょう》

利害の異なる相手と話し合って解決を図ること。

用例

早期解決を目指して、直接当事者と**折衝**する。

ポイント

いっぱしの社会人でも「ン？　どう書くんだっけ」と、書き惑《まど》う代表格の熟語。「交渉」とほぼ同義なのが原因だ。「折渉」と思われたり、「接衝」などと言う間違いも多い。漢字の意味を理解して、書き間違わないようにしよう。意味は**交渉**とほぼ同意だが、「折衝」には争いごとを何とか避けようとする、切羽《せっぱ》詰まった雰《ふん》囲気《いき》が感じられる。

漢字

衝は、ここでは「突く」意。他に、「衝突」「衝動」など。ここでは、突いてくる矛《ほこ》をイメージし、それを「折る」から、争いを避けるための「話し合い」の意になる。

関連語

談判《だんぱん》　**判**は「けじめを付ける」意。「交渉」や「折衝」より「ねじ込む」感じが強い。「直《じか》談判」「強《こわ》談判」の語も。

ノート

交渉ごとを表す語に、和語では「駆《か》け引き」「掛《か》け合う」など。外部との交渉を「渉外《しょうがい》」と言う。

チェック

雪辱《せつじょく》

失った名誉を取り戻すこと。

用例

駅前に進出した競合店に、改装セールで**雪辱**をねらう。

ポイント

「不名誉なこと」を言う語は多いが、「不名誉を晴らす」意の語は、この「雪辱」だけだろう。「雪冤《せつえん》」「雪恥《せっち》」などは現在まず使わない。スポーツ競技や商売上の競争などでは、「雪辱」の使用頻度《ひんど》が結構高い。

漢字

雪 本来「ヨ」の部分は「彗」と書き、「清める」意と言う。雨で洗い清めるイメージから「すすぐ・拭う」意で用いる。**辱**は、「はずかしめ」の意。すなわち「恥ずかしいと思うようなこと」＝「不名誉なこと」。「辱」を含む熟語には、「恥辱《ちじょく》・侮辱《ぶじょく》・汚辱《おじょく》・屈辱《くつじょく》・陵辱《りょうじょく》」など、恥とする内容がずらりと並ぶ。恥の意味で「辱」が上に来る熟語例はない。

ノート

他に「不名誉なこと」を言う語に、「面汚《つら》し」「恥さらし」「名が廃《すた》れる」「沽券《こけん》に関わる」（体面が損なわれる）などがある。

チェック□□□

遭遇《そうぐう》

思い掛けない人や物事に出会うこと。

用例

間もなく登頂という所まで来て、雪崩《なだれ》に遭遇した。

ポイント

比較的大きな事故や、戦争での敵軍・敵兵、あるいは攻撃などに遭《あ》う、また、一般的な出来事でも、飛び切り予想外の事柄に「出会う」ことを言い、たまたま友達と出会ったぐらいでは使わない語。

漢字

遭は、巡り合う意。「遭遇」のほかは「遭難」で使うぐらい。**遇**は、道で人にたまたま会うのが原義。「どういう目に会うか」と派生して、「境遇《きょうぐう》」「不遇」、さらに「扱い・持て成し」の意で、「待遇《たいぐう》」「知遇」「処遇《しょぐう》」など。特に、良い扱いが「優遇《ゆうぐう》」、悪いのは「冷遇《れいぐう》」。ただ、「遇」が上に来る例が不思議と見当たらない。

類語

奇遇《きぐう》　珍しい出会い。「旧友との卒業以来の奇遇に驚く」

際会《さいかい》　事件や時機にたまたま会う。「めでたい時世《じせい》に際会する」。この語は人と出会う場合には用いない。

チェック□□□

造詣《ぞうけい》

学問・技芸などに深く通じていること。

用例

私の敬愛する先生は、クラッシック音楽に**造詣**が深い。

ポイント

「造詣が深い」というフレーズ以外にはまず使わない語。それでも「200」の中に入れたのは、誰かのことを書いていて、その人の勝れた点を述べたいときに、その「褒め言葉」が上滑りしないで、文章にそれなりの存在感を与えてくれる語だからだ。「物知り」と言ったのでは、現在、さほど褒め言葉でなく、うっかりすると、やや冷やかしめいた語感まで持つ。

漢字

造は、元来「行き至る」意。**詣**は、「進み至る」意。新しく常用漢字に加えられた漢字。合わせて「造詣」で、「深い所（境地）に到達する」意。

関連語

学識《がくしき》　学問によって身に付けた知識や見識。「博士の考えは深い学識に裏付けられている」

ノート

「学識・博識・博学」などは、「物知り」だと、一定の評価は示すが、そこまでで止まる感じがする。

チェック□□□

惰性《だせい》

今までの状況をそのまま保ち続けようとする習性。

用例

昇進の望みを絶《た》たれてから、惰性で働く毎日だ。

ポイント

「惰性」は、慣性《かんせい》とも言い、「物体が同一の状態を保ち続けようとする性質」を言う物理学的な用語だが、現在では、用例のように、「今までの習わしに従うだけで、自覚的ではなく、発展性に乏《とぼ》しいさま」を批判的に言う。

漢字

惰は、「だらっと締まらない」状況を示す字で、怠《なま》ける意の「怠惰《たいだ》」、だらだら過ごす意の「惰眠《だみん》」もこの字。「ある状態が続く」意では、「惰力《だりょく》」「惰性」がある。「惰力」は、エンジンを止めても車がそのまま前進する力を言う。

ノート

崩《くず》れ落ちる意の「堕」は、字形が「惰」に似ていて、「堕落《だらく》」(ふしだらな状況になる)などと使うので間違いやすい。要注意。

堕は、土が崩れ落ちることから、抽象的に「落ちる」意。行いが悪く、生活が乱れ、身を持ち崩すことを言う。

チェック □□□

蛇足《だそく》

余計な付け足し。

用例

私が推薦の言葉を書き加えても、**蛇足**に過ぎない。

ポイント

昔、中国で早くヘビを描く競争をしたとき、先に書き上げた者が、調子に乗って、足まで書き足したために負けになったという故事から。この話の内容から、「しっかりと出来上がっているもの」に加えた、「余計な付け足し」を言う。「無駄な追加」の意。

漢字

蛇にはダ・ジャの読みがあり、「ダ」は慣用音と言う。くねくね進む「蛇行《だこう》」、長い行列を例えて「長蛇《ちょうだ》」など。「ジャ」は「大蛇」「毒蛇《どくじゃ》」「白蛇《はくじゃ》」など。

ノート

「余計な付け足し」を言うときに、「無くもがな」という言い方がある。「もがな」は古語の助詞（願望の意）で「……であって欲しい」意を表す。「なくもがな」で「なくて欲しい」＝「いっそない方がよかった」の意味だ。「サービスだと言うが、あれはなくもがなだ」などと使う。

チェック□□□

妥当《だとう》

その場の状況にふさわしいこと。

用例
時間を掛けて協議し、妥当な結論に到達した。

ポイント
「妥当」や「適切」に近い意味の**適当**は、「ちょうどいい」が「ほどほど」になり、「いい加減だ」の意味を持つようになった。しかし、「妥当」や「適切」には、そういう変化はない。「適正」とほぼ同義。また、「適切に判断する」は問題なく使えるが、「妥当に判断する」はいささか苦しく、「妥当な判断をする」とした方が穏やか。

漢字
妥は、「女」を、「手」(爪が手の形)で制してなだめるさまから、安んじる意を表す。「穏やか」の意で「妥当」、「折れ合う」意で「妥協」「妥結」と使う。**当**は、当然そうなる意。

類語
至当《しとう》　**至**は、この上ない意で、極めて適切なこと。「降格は至当な処分だ」
順当　順序や道理に適《かな》っているさま。「去年の優勝校が、順当に勝ち進む」

チェック □□□

端的《たんてき》

要点を押さえ、分かりやすくはっきりしているさま。

用例

今朝の新聞の論評は、現政権の問題点を**端的**に突いていた。

ポイント

「端的に突く」や、「端的な言い回し」などの使い方が一般的だが、「いささかためらいはあるが、ずばっと言えば……」の気持ちで、「端的に言えば、……」を前置きとして使うことも結構多い。「柔軟な対応だと言えば聞こえはいいが、端的に言えば優柔《ゆうじゅう》不断《ふだん》なのだ」など。

漢字

端は、もと「芽《め》が出る」意で、そこから「はし」（先端・発端《ほったん》）、「真っ直ぐ」（端正《たんせい》・端麗《たんれい》）などの意に用いる。ほかに、「揃《そろ》っていないさま」は、「半端《はんぱ》・端数《はすう》」など。「端《たん》を発する」は「きっかけになる」意。**的**は、性質・状況を表す接尾語的な働きをする字。「画期《かっき》的・総花《そうばな》的・短絡《たんらく》的・有機《ゆうき》的」など。

ノート

要点を見事に突いていることを、**正鵠《せいこく》を射る**と言う。「鵠」は、弓矢で射る的の中央の黒い部分。「正鵠」は、的のど真ん中。

チェック

中枢《ちゅうすう》

物事の中心となる、一番大事なもの・ところ。

用例

急速に勢力を拡大した企業が、日本経済の**中枢**を占める。

ポイント

人間の体の複雑な神経系の中で、細かいものは「末梢《まっしょう》神経」、脳や脊椎《せきつい》などの大所《おおどころ》は「中枢神経」と呼ぶ。このように、メインとなる「核」が「中枢」なのだ。中枢に近い語に「中軸《ちゅうじく》」「中核《ちゅうかく》」、ちょっと耳慣れないかも知れないが、「中枢＋中軸」で**枢軸《すうじく》**、大規模な権力の集中する所・人を言う。その他、大事な部分を「根幹」（12ページ）なども言う。

漢字

枢は、本来、扉を開閉するための「軸」を受ける穴を言う。和名では「とぼそ」とか「くるる」と呼ぶ。ドアの開閉の要所だから、「大事なかなめ」を言うようになった。凸の「軸」と、凹の「枢」とを合わせたのが「枢軸」。

類語

核心《かくしん》　**核**も**心**も、物のコア部分を言うから、「核心」とは、物の一番大事な中心となる所。急所。「事件の核心に触れる」

チェック □□□

難《なん》局《きょく》

難しく、困難な情勢。

用例

新社長は、明快な決断力で**難局**を乗り切った。

ポイント

局は、ここでは「事の成り行き」の意味。**局面**が好例で、「難しい局面に立ち至る」などと使う。そして、「難しい局面」がこの「難局」だ。他に、大きく成り行きをつかまえて「大局《たいきょく》」、政治の成り行きは「政局《せいきょく》」、今の社会情勢は「時局《じきょく》」など。

漢字

局は、「尸」と「句」から成っている。尸は家の意、句は区切る意で、もと、家の中の区切られた部分を言う。現在では、大きな組織や役所の一部門を言うようになり、「事務局」「郵便局」など。また、限られた場所で「局地」、さらに抽象的に限られた場面が、「難局」の「局」だ。

チェック□□□

肉薄《にくはく》

相手の身近に迫ること。

用例

最下位のチームが一気に首位に**肉薄**した。

ポイント

迫って行くのは、同等以上、相当に強力な相手である。さすがに、それを上回ることはできないものの、十分に脅《おびや》かし、圧力を掛けている感じ。「迫って行く迫力」が持ち味の語。「肉迫」の表記も、最近では結構見掛けるが、本来は「肉薄」と書いた。

漢字

肉は、切り取った肉の形から「身体」の意。**薄**は、「うすい」から「近づく・迫る」意。

関連語

互角《ごかく》　牛の二本の角《つの》の長さ・太さに違いがないことから。「互角の勝負」「力の似通った物を並べ挙げて」言う語。

伯仲《はくちゅう》　「伯」が長兄、「仲」は二番目の意。兄弟に力の優劣がないこと。「実力伯仲」

双璧《そうへき》　「璧」は宝玉の意で「壁」と書くのは間違い。「完璧」も同じ。「甲乙付け難い二つの宝石」の意。「平安女流文学の双璧」。

チェック□□□

匹敵《ひってき》

互いに差がなく、肩を並べること。敵《かな》う。

用例

若手の伸張著《いちじる》しいとはいえ、まだ彼に**匹敵**する者はいない。

ポイント

前ページの「肉薄」は、上位のものに十分迫ってはいるが、完全に並んではいない状況。それに対し「匹敵」は、上位者を捕らえ、それに並んだ状態を言う。「肉薄」の関連語のように、もともと「対等」なのではなく、「下位から追い付き並ぶ」。ニュアンス。

漢字

匹は、馬の尻尾の形を写した形から、動物・布地《ぬのじ》を数える意味となり、「対をなす」意味が加わったと言う。**敵**は、手向かい、対抗する意から、「釣り合う・等しい」意に。

類語

比肩《ひけん》　肩を並べること。遜色《そんしょく》がない、見劣りしないこと。「地方豪族の中には王に比肩する勢力を持つものもあった」

関連語

優れている意の語には、「抜群・卓抜・卓越・屈指・傑出」、ちょっと難しいが「白眉《はくび》」と、数多い。

チェック□□□

伏線《ふくせん》

後に述べることに備えて、前もってほのめかしておくこと。

用例

結末での意外性をねらって、巧みな**伏線**が張ってある。

ポイント

小説などを読んでいて、後になってから「あのとき、少女がハンカチを取り出したのは、このためだったのか」と、思い当たったり、感心させられたりすることがある。こうした仕込みを前もってしておくことを「伏線を張る」と言う。この語は、漢語ではなく、日本で作った語。

ノート

今では、文芸用語としてだけでなく、一般に「事前の仕込み」「きっかけ・契機となった出来事」を言うようになっている。「もし断られたときの伏線として用意しておく」は前者の、「国会答弁のとちりが内閣総辞職の伏線となる」は後者の例。

漢字

伏は、人の横で犬が伏せっている形。身を低くして、見えなくする意。「伏線」で、「そのときは見えないが、確かにつながっている」こと。

チェック□□□

払拭《ふっしょく》

きれいさっぱりと取り除くこと。

用例

新社長の任務は、まず組織上の旧弊《きゅうへい》を払拭することだ。

ポイント

例えば「疑いを取り除きたい」という思いを表現するのに、「取り除く」「取っ払う」「除去する」「拭《ぬぐ》い去る」「晴らす」など、いろいろ挙げてみても、「疑惑を払拭する」と表現したときの「払拭」ほど、すっきり疑いが晴れた感じのする語はない。そうそう使う語ではないが、ここ一番ではぜひ使ってみたい。

漢字

払は、「払い除ける」意。**拭**は、「拭《ぬぐ》う」意。新しく常用漢字に入った漢字だが、熟語では「払拭」ぐらい。「フッシキ」は誤読。

ノート

「払」を使う熟語もそう多くないが、**払底**《ふってい》は知っていてもいい語。すっかりなくなる感じを的確に伝えられる。「城内の兵糧《ひょうろう》が払底する」

チェック□□□

傍観《ぼうかん》

側《そば》で、ただ成り行きを眺《なが》めていること。

用例

周囲に人は多くいたが、ただ**傍観**するばかりだった。

ポイント

静観が「事態を客観的な立場から冷静に見る」のに比し、「手を出すべきなのに出さない・出せない」と、あまりいい意味では使わない。「座視」（52ページ）はほぼ同意。

漢字

傍は、訓読みが「かたわら」。「そば」の意では、「傍《ぼう》聴《ちょう》・路傍《ろぼう》（道端）」など。「間接的」の意では、「傍証《ぼうしょう》（間接的証拠）・傍系《ぼうけい》（主流でない存在）」などがある。**観**は、見る意。

類語

同じ「見てるだけ」の意でも、状況によって言い方が随分違う。やりたいのだけれど手が出せないのは、「腕（手）を拱《こまぬ》く／拱手傍観《きょうしゅぼうかん》」。自分は関係ないとして、ある種の余裕があるのが「高みの見物」。手が出せず悔しい思いをするのが「指をくわえる」。「見逃す」意では「看過《かんか》」（35ページ）。

チェック □□□

埋没《まいぼつ》

埋もれて、周囲から見えない状況。

用例

大雨が続き、川下《かわしも》の地域は上流からの土砂に**埋没**した。

ポイント

原義は、用例のように「物理的に」埋まってしまって見えないことを言うが、比喩《ひゆ》的に使うことも多い。

①世に知られない状況でいること。「折角の人材が片《かた》田舎《いなか》に埋没している」

②何かに浸《ひた》りきっているさま。没頭《ぼっとう》。「卒業後ずっと詩作に埋没している」

漢字

埋は土中にうめる意、「埋蔵《まいぞう》」「埋葬《まいそう》」など。また、比喩的に、世間に知られない意。**没**は、水に沈んで見えなくなるのが原義。「沈没」「陥没《かんぼつ》」。

ノート

埋もれて目立たないさまは、「平凡」とか**凡庸**《ぼんよう》（庸もありふれている意）などとも言う。

チェック□□□

脈絡《みゃくらく》

つながりを持った筋道。

用例

前後の脈絡をたどって、文章を読み返してみる。

ポイント

古くは「大将から一兵卒まで脈絡が一貫している」のように、「組織上の筋道」全般を言ったようだが、今では、「言っていることの筋道」に限って使うのが一般的。しかも、用例のように「脈絡をたどる」、また「脈絡が通じない」など、限られたパターンで使われる。また、「文意のポイントのつながり」を言うから、文章が的確に照応していないことを、厳しく批判するのに用いられることが多い。

漢字

脈 「月」は体、「𠂢」は分かれ流れる形。合わせて「体内を流れる血管」の意。**絡**は、絡《から》みつながる道筋の意。「連絡・短絡（せっかちな関連づけ）」など。

関連語

筋道《すじみち》 物事の道理、順序。また、論理。「筋」は、細長く続く線を言い、抽象的なものにも広く用いる。「すじ」と訓で読んでも使い、「筋を通す」「（芸事などの）筋がいい」などと言う。

チェック □□□

矛《む》盾《じゅん》

辻褄《つじつま》が合わないこと。食い違い。

用例
福祉《ふくし》の充実を言いながら、予算を削《けず》るのは**矛盾**している。

ポイント
昔、中国で、自分が売っている矛《ほこ》は、どんな盾《たて》でも通すと言い、一方自分の売る盾は、いかなる矛をも防ぐと宣伝した商人が、「では、その矛でその盾を突いたらどうか」と聞かれ、返事に困ったという故事から。

漢字
矛は、「槍《やり》」と同じく、両刃《もろば》で柄《え》の長い、相手を突くことを目的とした武器。ただ、槍より太く、鈍重な感じ。漢字は「装飾の付いた矛」を写したものと言う。**盾**は、兜《かぶと》の庇《ひさし》で、目を覆《おお》うさまを写した字と言う。槍や矛で突かれるのを、また、矢を射掛けられるのを防ぐ武具。

関連語
辻褄《つじつま》が合わない 話の筋道が通らない。矛盾する。**辻**は、裁縫で縫い目が十字に合う所、**褄**は、着物の裾の左右両端部分を言い、合わせて「辻褄」で、物事の筋道・道理を言う。

チェック□□□

網羅《もうら》

あらゆるものを集め、取り入れること。

用例

この本には、医学に関する最新の知識が**網羅**されている。

ポイント

網も**羅**も「アミ」の意。「網」が魚を捕るのに対し、「羅」は鳥を捕らえるためのアミを言う。「門前雀羅《じゃくら》を張る」ということわざがあるが、「雀羅」はスズメを捕るためのアミで、人が訪れることもなく、門の前にスズメを捕らえるためのアミが張れるぐらいもの寂しい様子を言う。二種類のアミの字を重ねて、漏れなくすくい取れるようにすることから言う。

漢字

羅　アミを張り巡らす意。転じて「並べ連ねる」意味となり、例えば「羅列《られつ》」と熟語になって「思い付くままに羅列する」などと使われる。

ノート

四字熟語「森羅万象《しんらばんしょう》」の「羅」も重なり連なる意。ちなみに、「森」は「びっしり」、「万象」はあらゆるものの形を言い、**森羅万象**でこの世にあるすべてのものの意。

チェック□□□

余《よ》韻《いん》

物事が終わった後まで心に残る味わい。

用例

「初めての外国旅行の**余韻**をいつまでも楽しんでいる。」

ポイント

原義は「音が発せられた後に残る響き」だが、一般に、詩歌・文章などの「言葉の奥にある趣・言外の味わい」を言うようになり、さらに今では、用例のように、体験した事柄の、後に残る「味わい」を広く言う。

漢字

余は、後に残った意。**韻**は、調子の整った音の意を表す。

ノート

「後に残る」意の「余」を使う語に**余波**があり、「出来事が収まった後も周囲に及ぼす影響」を言う。**波**は、周りに与える影響。「波及」などの例がある。

チェック□□□

輪郭《りんかく》

物事の大筋。

用例

彼は**輪郭**のはっきりした顔立ちをしている。

ポイント

本来は、用例のように「具体的な事物の周《まわ》りを形作る線」のことだ。「顔立ち」なら目や鼻や口やと、細かなことはさておいて、「大まかな外形」を言う。そこから、比喩《ひゆ》的に、抽象的なものの概要《がいよう》を言うようになった。「事件の輪郭が見えてきた」。外来語の**アウトライン**も同意。

漢字

輪は、放射状に並んでいる車の輪を示し、「丸い・回る・周り」などの意を表す。**郭**は、外囲いの意。主に、城・砦《とりで》の囲みを言う。「城郭」などと使う。訓読みは「くるわ」。「曲輪」と当てることもある。日本では、周囲を取り囲まれた区域を「くるわ」と言う。とくに「遊里」のことも。

類語

「あらまし」を言う語として、「概略・概要・大要・大略」などがある。少しずれるが「プロフィル」は主に「人物像」を言う。

チェック□□□

流布《るふ》

世間に広く知れ渡ること。

用例

明治時代末期の少年たちに広く流布した物語であった。

ポイント

「喧伝《けんでん》」・「宣伝」が、意図的に広める意で使われるのに対して「流布」は、自然に広がるのを言う。

喧伝《けんでん》 **喧**は、やかましい意で、盛んに言いふらすこと。なお、「宣伝」は、ある物の効能や主張などを説明し、理解を求めることを言う。

漢字

流の「ル」の読みは呉音《ごおん》。他に、流転《るてん》（物事が限りなく移り変わること）・流罪《るざい》など。ここでは「流行」など同様に「広まる」意。**布**は、「ぬの」の意から「敷く・広げる」、さらに「行き渡る」意へ。「薬剤の散布」「ビラの配布」などのように使う。

類語

「広く世間に知れ渡る」意味では**人口に膾炙《かいしゃ》する**という言い方もある。「人口」は、世間の人々の口、すなわち、世人の噂《うわさ》。「膾」はなます（酢《す》の物）、「炙」はあぶり肉で、誰もが好む食べ物のことだ。「世間の人々誰もが好む」→「世間の評判になる」意だ。

急《きゅう》転《てん》直《ちょっ》下《か》
形勢・事態が急に変化して突然決着をみること。

空《くう》前《ぜん》絶《ぜつ》後《ご》
今までにもなく今後もないであろう珍しいこと。

厚《こう》顔《がん》無《む》恥《ち》
図々しい態度を取り、遠慮や恥を知らないこと。

荒《こう》唐《とう》無《む》稽《けい》
話に取り止めがなく、考えにより所がないこと。

呉《ご》越《えつ》同《どう》舟《しゅう》
仲の悪いもの同士が同じ場所に居合わせること。

五《ご》里《り》霧《む》中《ちゅう》
状況が分からず見通しや方針が定まらないこと。

言《ごん》語《ご》道《どう》断《だん》
あきれ果てて、言葉も出ないほどひどいこと。

自《じ》画《が》自《じ》賛《さん》
自分で自分の作品などの出来映えを褒めること。

時《じ》期《き》尚《しょう》早《そう》
ある事を行おうとしてもまだその時でないこと。

試《し》行《こう》錯《さく》誤《ご》
失敗を重ねながらも正しい解決へと近づくこと。

自《じ》業《ごう》自《じ》得《とく》
自分のした悪い行為の報いを自分で受けること。

質《しつ》疑《ぎ》応《おう》答《とう》
疑問を問いただすこととそれに応じ答えること。

自《じ》暴《ぼう》自《じ》棄《き》
自分で自分を粗末に扱い、投げやりになること。

四《し》面《めん》楚《そ》歌《か》
周囲はみな敵で、援助もなく孤立していること。

縦《じゅう》横《おう》無《む》尽《じん》
物事を思うがまま、自由自在に処理すること。

主《しゅ》客《かく》転《てん》倒《とう》
重要なことと詰まらないことを取り違えるさま。

首《しゅ》尾《び》一《いっ》貫《かん》
始めから終わりまで一つの方針で貫き通すこと。

順《じゅん》風《ぷう》満《まん》帆《ぱん》
物事がすべて、順調にはかどっていること。

取《しゅ》捨《しゃ》選《せん》択《たく》
良いものは取り、悪いものは捨てて選び出すこと。

枝《し》葉《よう》末《まっ》節《せつ》
物事の中心から外れた、主要ではない事柄。

PART 3

同音異義語

「面接」や「小論文」で合否を決める、その採点は、どのようにするのだろうと、不思議に思いませんか。採点者は、きっと難しい判断を迫られ、悩ましい思いをしているに違いありません。立場を変えて、そんな「小論文」の採点者になったつもりで、考えてみてください。「自信を持って、**確実に減点できるのは**、何か」。答えは、**「誤字」**です。

「何が書いてあるか不明確だ」、「一応意味は通っているが胸に迫るものがない」……これらが「誤字」より重要な減点ポイントであることは、論をまちません。しかし、こうした基本点で、「よくない」と評価されたなら、大勢の受験者の中で、最初から圏外《けんがい》にいるようなものです。主題や主張など、内容的には「互角」の作文で、採点者が自信を持って、**減点の「決め手」にするのは**、**「誤字」**でしょう。

本書の「基本中の基本語」で挙げたような漢字が書けなかったり、間違ったりするようでは、これまた、その時点で「圏外」です。一見それらしく見え、一般的に間違いやすい**「同音異義語」**こそ、勝負所で、最も注意の要るところです。

チェック□□□

意義《いぎ》

異義
異議

言葉や行為《こうい》の持つ意味や価値《かち》。

用例

与えられた仕事は、意義を見いだせるようなものではなかった。

ポイント

意義は、基本的に「意味」と同意だが、やや改まった感じがする。**異義**は、「違った意味・別の意味」。例えば、「同じ漢字であるのに異義を持つ」などと用いる。また、「同音異義語」といえば、発音は同じだが意味が違う語。**異議**は、「反対の意見」。「議」は「意見（を交わす）」の意で、「議会」「議論」などと使う。「役所の決定に異議を唱える」。

漢字

意は、「心・思い」の意を表す。**義**は、「よい・正しい」意を表し、価値や意味の意に用いる。本来の意味は「本義」、学問的意味を教えるのが「講義」。「義務」や「仁義」などは、人間として「正しい」ものの意。

同音語

威儀《いぎ》　礼に適った態度。「卒業生たちは威儀を正して壇上《だんじょう》へ向かった」

チェック□□□

異状《いじょう》　異常

通常とは違った状態。

用例

精密検査を繰《く》り返したが、内臓器官に**異状**は見つからなかった。

ポイント

「普通とは異なった様子」の意味では、「異常」と紛《まぎ》らわしいが、**異状**は、「平常とは違った状態が見られること」で、その「状況」に重点がある。一九三〇年制作のアメリカ映画『西部戦線異状なし』の原題は「……all quiet」である。一方、**異常**は、機械・精神・脳などの機能・作用が「正常」でなくなることを言う。

漢字

異は、祭で神の顔の面《めん》を被《かむ》った形を象《かたど》った字。普通〈の人〉とは違っていることを表す。**状**は、もと「犬の姿」の意から、広く「形・様子」を言う。

類語

別状《べつじょう》　普通とは違った状態。「異状」と同義。「この様子なら命に別状はない」

同音語

委譲　他に譲《ゆず》り任《まか》せること。「経営権を副社長に委譲する」など。「移譲・依譲」と書くこともある。

チェック □□□

異《い》動《どう》　移動

地位や職場が変わること。

用例
営業成績が評価され、本社への**異動**が決定した。

ポイント

異動は、専ら「人事」（一個人の身分・職務・能力に関する事柄。主には、職場における身分や任務を言う）に関して使い、「異なる位置に動く」意。「人事異動」とまとめて言うことも多い。一方、**移動**は、もっと広く、人や物が「位置を変える、変わること」を言う。「営業所の位置が駅前から移動する」など。具体的な人・物でなくても、「昼間・夜間で、人口の移動が見られる」「営業拠点《きょてん》を移動する」などとも用いる。

同音語

異同　「異」（違うこと）と「同」（同じこと）と、対義の漢字を並べた熟語だが、「両者の異同を調べる」などと使うように、「同」には意味がなく「違い」の意。「多少」を「少し」の意で使うケースの「多」や、「緩《かん》急《きゅう》」を「急な差し迫った状況」の意で使うケースの「緩」などと同じ。

チェック

回顧《かいこ》　懐古

自分が体験した過去のことを、いろいろ思い返すこと。

用例

大戦終了直後に赴任した、波瀾万丈《はらんばんじょう》の在任期間を**回顧**する。

ポイント

「過去のことを思い返す」意味では**懐古**も同じだが、「懐古」が、広く「遠い昔のことを懐《なつ》かしく思い起こす」ことを言うのに対し、**回顧**は、「自らの体験に基づく」と言った厳格さが求められる。自分の活動歴を記録として残すのは「回顧録」、一方、昔のことを思い起こしていささか感傷的に記すのは「懐古趣味」。

ノート

用例の「波瀾万丈」は、人生などが単調ではなく変化が激しいさま。

漢字

回は、水が渦《うず》を巻いている形を写した字。**顧**は、「頁」（頭の意）に、「雇」（代わる代わるの意）を加えて、頭を前後に回して「振り返る」意を表す。「顧」の訓は「かえりみる」。

同音語

解雇　職を辞《や》めさせること。「わずか三か月で解雇された」

同音異義語

チェック

回答《かいとう》　解答

質問や要求に対して返す答え。返答。

用例

店頭で求められたアンケートに回答を記入する。

ポイント

回答は、アンケートや賃上げ要求等に対する返答。一方、**解答**は、「解き答える」意で、与えられた問題に、解いて出した答えを言う。狭義では、学校の試験などで言うが、広く社会的な課題にも当てはまる。「国家的な緊急の課題だが、その解答は簡単には見出《みいだ》せない」など。

漢字

回は、「回顧」89ページ参照。**答**は、「竹」と「合」の意を合わせて作った字。竹は古く、紙のなかった時代にはふだ状に割り削《けず》られ、文字を書き記し、紐《ひも》で編んでノート・書籍の役割りを果たした。「竹（ふだ）」が「合う」とは、問い掛けに対して「答え」が出ること。

ノート

「問い」に対しては「答え」、「求め」に対しては「応え」の字を当てるのが普通。「アンケートに答える」「要望に応える」。

チェック □□□

開放《かいほう》 解放

制限を設けず、自由に利用できるようにすること。

用例
学校は日曜日に、体育館を地域に**開放**している。

ポイント
開放の原義は「窓や扉《とびら》・門などを開け放つ」こと。また、「開放感」「開放的」など、伸び伸びした感じを表現するのにも用いる。対義語は「閉鎖《へいさ》」。「閉鎖感」や「閉鎖的」も使う。一方、**解放**は「解く」に重点があり、「拘束《こうそく》・束縛《そくばく》するものから解き放つ」こと。「奴隷《どれい》解放」「植民地支配からの解放」などから、今では「受験体制からの解放」などとも使う。

漢字
開は、「門」と「开」(両手の意)とで、門に両手を掛けて開く意。**放**は、「人」(後に方と書いた)と「攵」(棒を手に持つ意)を合わせて、人を棒《ぼう》で追っ払う意。

同音語
快方　病気や怪我《けが》の状態がよい方に向かうこと。「父の病状は見る見る快方に向かった」
介抱　病人や怪我人の世話をすること。「家族が次々インフルエンザにかかり介抱に追われる」

チェック □□□

過《か》程《てい》　課程

物事が進行・変化してゆく道筋。プロセス。

用例

わが子の成長してゆく**過程**を、動画に残しておく。

ポイント

過程は、明確な対応語ではないが、「結果」と意識的に対応させて使っている。「結果より、その過程が重要だ」などと言う。物事を行って、どういう結果になったか、特に「いい結果」が出なかった場合、そのことより、そこに至る過程でどのように努力したかを評価の対象にしたい……といった使い方。ちなみに、「結果」の本来の対応語は「原因」。**課程**は、学校などで、ある期間に修得しなければならない学習内容。大学などでは、専攻内容の違いから分けられているコースを言うこともある。カリキュラム。

漢字

過は、「咼」が「多い」、一説に「越える」意を表し、「辶」（行く意）と合わせて「行き過ぎる」が原義。

同音語

仮定　実際とは異なる状況を、試みに想定してみること。「暴風に遭ったと仮定する」

チェック□□□

環境《かんきょう》　感興

それを取り巻く周囲の状況。

用例

地球の環境を守る運動が、世界規模で広がっている。

ポイント

意味の説明で、「それ」としたが、主には「人間」だ。周囲の状況によって、大きく影響を受ける。その影響までも意識して言うのが、環境という言葉だ。「生活環境」とは、人間が生活するための周囲の状況、「自然環境」とは、これも人間が生活するための、自然に関する状況を言う。時に、「会長が、引退を決意しやすい環境を整える」と言った心理的な状況を言うときもある。感興は「興味を感じる」ことで、「おもしろみ」の意。「大屋根の向こうに懸《か》かる名月に、感興を覚える」。

漢字

環と**還**とは間違いやすいので十分注意。「環」は「丸い輪」、「還」は「返る」と覚えて対応しよう。ぐるぐる円く回っている鉄道線路、東京は「山手線《やまのて》」、大阪は「環状線」。また、「自由化の一環として行う」に対して、みんなが見ている中は「衆人環視」。

チェック □□□

甘言《かんげん》　換言

相手の気に入る心地よい言葉。甘口《あまくち》。

用例

「うかうかと甘言に乗せられて大きな負債を抱えてしまう。」

ポイント

よく「おいしい話には気を付けろ」と言う。この「おいしい」が、**甘言**の「甘」に重なる。「耳に心地よい、うまい話」なのだ。一方、**換言**の「換」は「交換」の「換」で「言い換える」意。ただ、「平易な言葉に換言する」と言った使用はまずなく、いったん述べた内容を、より強調して言い換えたいときに、「換言すれば……」と用いるのが一般的。

漢字

甘は、口の中に横線を引いて、口中に食物を含んで「味わう」意を示す。「甘美《かんび》」など「心地よい」意に使い、「与えられた状況を、たとい好ましくなくても満足して受け入れる」意では**甘受**《かんじゅ》と使う。

同音語

諫言《かんげん》　自分より立場が上にある人に、過ちを指摘し改めるように伝えること。「諫」は常用漢字にない。訓読みは「いさめる」。

チェック□□□

鑑賞《かんしょう》

観賞
感傷

芸術作品を理解し味わうこと。

用例
上京した機会に、人間国宝たちの邦楽演奏を**鑑賞**する。

ポイント
「見て味わう」意では、「観賞」も同じだが、芸術作品は**鑑賞**、自然物は**観賞**と、見る対象で使い分ける。「菊花を観賞する」など。**感傷**は、「心を痛め、感じやすいさま」を言う。センチメンタル。なお、「観照」は120ページ参照。

漢字
鑑は、「金」に、「監」（水鏡の意）を加えて、金属製の鏡の意を表し、「手本・模範」（年鑑・図鑑など）、「見分ける」（鑑別・鑑識など）意に。**賞**は、「貝」（宝の意）に、「尚」（相当する意）を加えて、功労に相応《ふさわ》しい財貨を与える意から「褒める」「愛《め》で楽しむ」意に。

同音語
勧奨　「奨」も勧《すす》める意で、積極的に勧めること。
干渉　他人のことに立ち入って、口出しすること。国同士では「内政干渉」。
緩衝　対立する二者の間にあって衝突しようとする力を和らげること。

チェック □□□

寒心《かんしん》　歓心

ひどく恐れ、心配すること。

用例

現地に足を運び、寒心すべき現状を目の当《ま》たりにする。

ポイント

「寒」は、「寒々とした」のニュアンスで、「憂える気持ち」を言う。多く「寒心に堪《た》えない」と使うが、「嘆かわしくて我慢できない」意。「憂慮《ゆうりょ》」に近い。**寒心**が、対象の状況を「嘆かわしい」と、こちら側が持つ気持ちなのに対し、**歓心**は、相手方の「喜ぶ気持ち」。だから、普通「歓心を買う」と使って、「相手方に喜んでもらおうとする」こちらの気持ちを表す。「上役の歓心を買う」などと使う。「おべっかを使う」とほぼ同意で、いい意味には使わない。

漢字

寒は、「冫」が、偏《へん》ではなく下部に来るが、意味は「氷」。

同音語

感心　立派だと思う気持ち。「作品の見事な筆遣いに感心する」

関心　関わって行く気持ち。心引かれる気持ち。「金銭には関心がない」

チェック□□□

既成《きせい》　既製

もう出来上がってしまっていること。

用例
既成概念を排除しなければ、改革は進まない。

ポイント
「**既成**概念」とは、「社会で既《すで》に認められ、広く通用している意味や考え方」を言う。具体的な事象の場合は「既成（の）事実」と言う。憲法で「戦争放棄」を謳《うた》い、「軍備を持たない」としながら、「自衛隊という軍隊がある」のは、「既成の事実」である。一方の**既製**、「製」が、具体的な「物を作る」意であり、ほぼ「商品」に限られる。注文を受けてから品物を作るのではなく、既に商品として出来上がっているものを言う。「お誂《あつら》え」は、オーダーメイド、「既製品」はレディーメード。

漢字
既は、「物事をなし、すでに終わっている」意。「既往《きおう》・既知《きち》」など。

同音語
規制　規則によって制限すること。「交通を規制する」
気勢　意気込んだ気持ち。「気勢を上げる」「気勢をそがれる」

チェック□□□

極致《きょくち》

極地
局地

物事が行き着く最高の状態。

用例
展示品の中でも、彼の作品はまさに美の**極致**であった。

ポイント
「美のキョクチ」「キョクチ探検」「キョクチ的豪雨」……さて、どれを？　「果ての土地」が**極地**、「限定された土地」が**局地**。そして、「土地」ではなく、「境地や状態」を言うのが**極致**、と区別しよう。

漢字
極は、もと「家の一番高い所にある棟木《むなぎ》」の意で、そこから「果て」「極み」「限り」等の意味が出たと言う。ここでは「この上ない」。**致**は、「連れてくる」「ある状態になる」「窮《きわ》め尽くす」などの意を表す。

類語
絶頂《ぜっちょう》　物事最高の状態。頂点。クライマックス。
最高潮《さいこうちょう》　潮が満ちるように、感情や状態が最も高ぶること。

ノート
物語・演劇、場合によってゲームや事件で、クライマックスのことを、「佳境《かきょう》」（最も興味深い部分）「山場《やまば》」などと言う。「圧巻」は2ページ参照。

チェック □□□

時機《じき》　時期　時季

あることを行うのに、ちょうどよい機会。

用例
士気を高め、**時機**をうかがうグループが幾つもある。

ポイント
「時機・時期・時季」の三語を厳密に使い分けるのは、なかなか難しい。まず、**時機**は、「タイミング」「機会」「チャンス」、いずれにしても、「その時」を言う。「時機を失う」「今は決行の時機ではない」。それに対し、間合いがあるのが**時期**。「農家には多忙な時期だ」。期限を言うこともあり、「時期が来たら返す」。また、「時期尚早《しょうそう》」の「時期」は、「物事を行うのに相応しい時」。**時季**は、その季節らしさの現れる時。「行楽の時季」「時季外《はず》れ」など。

漢字
機は、織機を始動させる踏み板の意から、「折・時」の意を表す。

同音語
自棄　自分を見捨てること。主に「自暴自棄《じぼうじき》」と使う。
磁器　上薬《うわぐすり》を掛け高温で焼いた半透明の焼き物。「陶《とう》器《き》」に対して言う。

チェック □□□

実態《じったい》　実体

実際の様子や状態。

用例

極秘《ごくひ》裏《り》に行われてきた、裏取り引きの**実態**が明らかになる。

ポイント

実態とは、外部からでは分からない、また、情報として流れているものとは違った、本当の有り様を言う。「市民生活の実態」「兵器密輸の実態」など。「実情」や、「内情」（内部の事情）に近い。**実体**は、そのものの本体を言う。「看板を上げているが、会社としての実体はない」。言い換えると、「実体は幽霊《ゆうれい》会社だ」ということになる。

関連語

実情《じつじょう》　あるがままの状況。「実状」とも書く。「苦しい実情を打ち明ける」

漢字

態は、「ものの様子・姿」、時に「心構え」を表す。「態勢」は109ページ参照。

ノート

「実体」を「じってい」と読めば、「真面目で、正直なこと」を言い、「実直」とほぼ同意。「実体な人柄が信頼できる」

チェック□□□

収拾《しゅうしゅう》　収集

混乱した状態を、収め、まとめること。

用例
事態を**収拾**するために、各部署との折衝《せっしょう》が始まった。

ポイント
収拾は、「拾」も「収める」意味で、同意の漢字を並べた熟語。「おさめる」のうち、「丸く収める」「怒りを収める」などの「乱れた気持ちを落ち着いた状態にする」意。「混乱を極め収拾がつかない」など。**収集**は、「気持ち・状況」ではなく、実際の「もの」を集める意。「ゴミを収集する」。目に見えないものでも、「情報を収集する」と使う。

ノート
コレクションのことは、本来「蒐集《しゅうしゅう》」と書いたが、今は「収集」で代用する。「切手の収集」。

漢字
収は、もと、罪人を捕らえる意だったと言う。今も「拘置所に収監《しゅうかん》する」と使う。**拾**は、手（扌）で取り入れる（合）ことから、収める・集める意。すてる意の「捨」と書き間違い易いので注意。

同音異義語

チェック□□□

周《しゅう》知《ち》　衆知

多くの人々に知れ渡っていること。

用例

空港建設には、その利便性を**周知**させる必要がある。

ポイント

「周知」と「衆知」も、使い分けの紛らわしい語。「周」は周《まわ》りで、《周り（みんな）が知っている》のが**周知**。情報の広がりに重点がある。「周知の事実」「締め切り期限を周知させる」と使う。一方《衆（＝みんな）の知（＝知恵）》が、**衆知**だから「多数者の知恵である」ことに重点がある。「衆知を集める」と使う。もと「衆智」と書いたが、今は「衆知」で統一。

漢字

周は、巡る意で、「周囲・周遊」など、行き届く意で、「周知・周到」など。**知**は、「矢」と「口」からなり、矢のように真っ直ぐに物事の本質を見抜く意と言う。「智」は常用漢字外の字。

同音語

羞恥　恥ずかしく思うこと。「羞恥心」は、恥だと感じる気持ち。

チェック

照会《しょうかい》　紹介

問い合わせること。

用例

使用説明書では不明の点を、製造元に**照会**する。

ポイント

紹介なら、使うのにも苦労はない。「友人を父に紹介する」。でも、**照会**など知らないという人もいよう。例えば、心当たりのない品物が届いたとして、なぜこのような荷物が届いたのか、「発送元」に聞き合わせをする、この「聞き合わせ」を「照会」と言う。他にも、受験の詳細は、大学入試課に「照会」すればいいし、行方不明者の情報は、地元警察に「照会」すればよい。

漢字

照は、てらす意から「照らし合わせる」意になり、「照会・対照・参照」などと使う。**会**も、あわせる意。

ノート

以前は「身元を照会する」とよく用いられたが、人権に関わる個人情報侵害の危惧《きぐ》から、現在では見掛けなくなった。

チェック □□□

所期《しょき》

庶幾　初期

あることをしようと心に決めたこと。

用例

努力に努力を重ねて、ようやく**所期**の目的を達成した。

ポイント

耳にはしていても、漢字の出てきにくい熟語だ。**所期**は「期する（心に決める）所」、すなわち「初めから、しようと決めていた」意だから、**初期**の方が先に浮かんだりする。「所期の目的」というフレーズが、決まり文句のようによく使われる。**庶幾**は、「庶」も「幾」も「願う」意で、「強く願う」ことを表す。「二刀流こそ武蔵《むさし》の庶幾した極意《ごくい》であった」

漢字

所は、「名詞化し、動作や作用の内容を示す働き」をする。「所見」「所得」など、例は多い。**期**は、もと「月の一巡り」を表し、「時」の意。「時期」「期限」など。「死に際」の意の「末期」「最期」（13ページ）などの「期」は「ご」と読む。意味は、「期待」「予期」などと同じ「先のことを当てにする」意。

チェック □□□

食糧《しょくりょう》　食料

食べ物。主として、米・麦などの主食。

用例

島には、一か月船が来なくても困らない**食糧**が備蓄《びちく》してある。

ポイント

意味の説明で「米・麦」を例に挙げたが、実は、それ以外でもいい。「人間が、生きて行くために必要な食べ物」を言うときに**食糧**と書く。戦国時代に籠城《ろうじょう》して、米も麦もなくなり、草や木の根を食べたら、それが食糧だ。だから、「食糧の自給」「食糧難の時代」「三日分の食糧」などと使う。一方、**食料**は、「食べ物の材料・食べ物にする品」の意で、「食料品」、「食料を買い出しに行く」などと用いる。飢餓《きが》状態など、特異な状況でなく、日常一般生活では、主食を「食糧」、副食を「食料」と思えばよい。

漢字

糧は、もと「分量を量った米」の意を表すと言う。訓は「かて」。

ノート

糧《かて》「かて」と訓読みすると、「読書を心の糧とする」など、生きて行くための活動力や潤いを与える物を比喩《ひゆ》的に言うことがある。

チェック□□□

成算《せいさん》

精算
清算

物事が成功する見通し。

用例

勝てたからよかったが、試合前には**成算**はなかった。

ポイント

清算は、「貸し借りを計算して、決まりを付ける」こと。「借金を清算する」のも、個人的な「過去を〝清算〟する」のも、とにかく「すっきりキレイにする」こと。一方、**成算**は、俗っぽく言えば「勝ち目」。商売や起業を一種の勝負と例えれば、まさしく**勝算**《しょうさん》と同義語。ただし、勝負事の方に「成算」は言えない。また、**精算**は、「概算《がいさん》」に対して「細かく計算して金銭の過不足を正す」こと。運賃・費用の貸し借り・仮払いなどに言う。「乗り越し運賃を着駅で精算する」。

ノート

「清算」の比喩的な意味に近い表現に、「けりを付ける」（194ページ）の他、「決まりを付ける」「決着を付ける」「片を付ける」などがある。

漢字

成は、「敵を平定する」意から「仕遂げる」意。**算**は、「数える」意から「数の中に入れる」、さらに「当てにする」意。「打算」の「算」も同様。

チェック□□□

即断《そくだん》　速断

その場で判断すること。

用例

日ごろの優柔《ゆうじゅう》さは影をひそめ、一瞬《いっしゅん》の沈黙の後**即断**した。

ポイント

「即決」と同義。二つ重ねて「即断即決」と強調しても使う。「即断即決は、うちの社長の信条だ」。さて、「即断」と「速断」とは、「即」がその場で、「速」がすぐにと、ほぼ同義。日常的には、**即断**が「即座に下す、適切な判断」と、ポジティブにしか使わないのに、**速断**には、「急いで下す、早まった判断」のニュアンスがあり、「将来を考え、速断は避けたい」などと用いるのに注意。

ノート

「判断」にもいろいろあって、思い切って下すのが「決断」「果断《かだん》」、立派な判断は「英断」、自分勝手な「独断」、医師の見立ては「診断」など。

漢字

即は、食事の体勢に着くのが原義で、「位置に着く」から「着いて離れない」、さらに「すぐに」の意。**断**は、「絶つ」から「思い切りのよさ」、さらに「決める」意。

同音異義語

チェック□□□

対照《たいしょう》

対象
対称

相対するものを組み合わせ、その違いが明確になること。

用例
「環境重視の国と国益優先の国が、際立った対照を見せる。」

ポイント

対照は、「原文と対照する」と使い、文字通り「照らし合わせる」ことなのだが、「対照の妙」など、「取り合わせ」「コントラスト」の意でも用いる。特に「対照的」は、「兄弟の性格は、まるで対照的だ」と、この意味で使われる。**対象**は、「目的とする相手」を言い、「高校生を対象とする書籍」など。**対称**は、「対応して釣り合いを保っている」ことを言う。数学で言うシンメトリーのことで、「左右が対称となるデザイン」などと使う。

漢字

照は、「炎が輝く」意から、「照らす」「照らし合わせる」意。**象**は、動物のゾウの形を写した字だが、「形・有り様」の意。**称**は、天秤《てんびん》で量る意から「釣り合う」、また、穀物《こくもつ》の束《たば》を数える意から、「大声で言う」「称《とな》える・称《たた》える」意。

チェック

態勢《たいせい》

体制 大勢 体勢

物事に対する、身構え方。

用例

緊急の事態が発生した場合に、十分備えられる**態勢**を作る。

ポイント

「勢」の字は、もと「草木が成長する力」から、「勢い・有り様」を表すようになったと言う。態勢・体勢・大勢の「勢」はいずれも、この「有り様」の意だ。**態勢**の「態」は「態度」と同様「心構え」の意だから、「どう構えるかの有り様」。**体勢**は、「身体の有り様《よう》」で、「つまずいて体勢を崩す」などと言う。**大勢**は、「大雑把《おおざっぱ》な有り様」で、「大勢を占める」「近日中に大勢が判明する」などと使う。**体制**は、社会・団体を組織している仕組みのこと。「態勢」との区別に注意しよう。組織的に大規模なのが「体制」、小規模なのが「態勢」。例えば「資本主義体制」と「(飛行機の)着陸態勢」、「体制の打破を目論《もくろ》む」と「受け入れ態勢が整う」など。

ノート

「体制側《たいせいがわ》」とは、社会で、権力を握っている人の側のこと。「ここでペンを折れば、体制側に与《くみ》することになる」

チェック□□□

追及《ついきゅう》

追究
追求

食い下がって問い詰めること。

用例

野党の追及を何とかかわし、法案を成立に持ち込む。

ポイント

追及は、「後から追い付く」のが原義だが、「追い及ぶ」、すなわち「食い下がって行く」意。日常的には「責任」を追い求める表現が多く、後は、悪事・犯罪に関わる事柄を言う。「犯人を追及する」「犯行動機を追及する」など。一方、**追求**は、「目的とするものを手に入れようとする」ことを言い、「利益」「理想」などを言うことが多い。もう一つの**追究**は、「物事をどこまでも深く調べて明らかにしようとする」こと。主に「真理」や「学問」に言う。

漢字

及は、「人」に後ろから手を入れた形と言い、「届く・至る」意。**求**は、動物の毛皮をつるした形を写した字で、「求める」意は借りたもの。**究**は、「九」が曲がる意で「くねくね曲がった穴」が原義。「窮《きわ》まる・極《きわ》める」意。

チェック

転嫁《てんか》

転化
添加

自分の責任や罪を、他人になすり付けること。

用例
自分が引き起こした失態を、他人に**転嫁**するのは許せない。

ポイント
もと「二度目の嫁入《よめい》り」の意だが、それが「人になすり付ける」意になったのは、別の男に気持ちを移すからでもあろうか。日常的に用いる**転嫁**の対象は、ほぼ「責任」に限っていい。ただ、最近は、「再生可能エネルギーによる電力を買い取るための費用を、電気料金に転嫁する」といった用法も。**転化**は、他のものや、他の状態に変わること。「糖分がブドウ糖に転化する」。また、**添加**は、「あるものに別のものを付け加えること」で、「食品添加物」「甘味料を添加する」と使う。

漢字
嫁「女」と「家」からなる字。生家から夫の家に移ることから「嫁《とつ》ぐ」、また、「他に移る・移す」意が「なすり付ける」意に。

ノート
ある種の動物が闘争状況にあるとき、相手が強いと、自分より弱い第三者に向けて攻撃を行うことがあり、これを「添加行動」と呼ぶ。

チェック□□□

不《ふ》朽《きゅう》

腐朽
普及

滅びず、いつまでも残ること。

用例

梶井基次郎の「檸檬《れもん》」は、鋭敏な感性の不朽の名作と言われる。

ポイント

「朽《く》ちる」の意味は、「腐る」に含まれるが、「特に、樹木が腐って形が崩れ、役に立たなくなること」を言う。一方「腐る」は、広く、変色・変質し、形が崩れ、時に悪臭を放つような状態になること。比喩《ひゆ》的には、堕落《だらく》する（「根性が腐る」）、悲観して落ち込むなどの意で用いる。この両者を重ねたのが腐朽、「朽ちない」のが不朽。

漢字

朽は、「丂」が曲がる意で、「木が腐って曲がる」意から言う。

同音語

不休　休まないこと。それほど忙しいこと。「不眠不休」と使う。

不急　急いでする必要がないこと。「不要不急」と使う。

普及　広く行き渡る。「江戸から離れた長崎に西洋文化が普及する」

平衡《へいこう》

平行
並行

釣り合いが保たれていること。

用例

進歩的なグループと保守的なグループが、微妙に**平衡**を保つ。

ポイント

平行は、数学で言う「二つの直線、直線と平面、平面と平面が、いくら延長しても交わらない」こと。**並行**とは、「並んで行くこと」（道路と線路が並行する）、「同時に行われること」（二法案を並行して審議する）。さて、**平衡**だが、「衡」の字は、「はかり」の意。同点のゲームで、追加点が入ると、「均《きん》衡《こう》が破れた」と言うが、**均衡**も、双方が釣り合ったバランスのこと。「平衡」は、真っ直ぐに（平）、釣り合いが取れている意。

ノート

「併行」と書くこともある。「併」は「あわせる」意で、「併行」で「あわせて行う」と、意味は「並行」に同じ。

漢字

衡の「奐」は大きな角《つの》。「行」は、牛が人を突かないように、角にしばり付けた横木。それが、天秤《てんびん》ばかりの横木の意となり、「釣り合い」を言うようになった。「衝《しょう》」は別字。

チェック

保障《ほしょう》

保証
補償

国・命・権利などが侵されないように守ること。

用例

事件の頻発《ひんぱつ》で、生命の安全が**保障**されない状況だ。

ポイント

「保障」と「保証」、どっちを使えばよいか、いつも迷ってしまう……という人も多いと思う。侵害されないように「守る」のが**保障**、間違いないと「請け合う」のが**保証**。「商品の品質を保証する」「保証できる人物だけを紹介する」など。特に、金銭面で、返済の義務を共有することを言う。「友人の借金の保証人になる」など。「保障」の方は、「安全保障」「生活保障」「社会保障」などと用いる。**補償**は、「補い償《おぎ つぐな》う」のだから、「与えてしまった損害を埋め合わせる」ことを言う。「被害者への補償が行われる」など。

漢字

障は、山が聳《そび》えて遮《さえぎ》る意で、ここでは「侵害から妨《さまた》げ守る」意。

類語

「保証する」意味で「太鼓判《たいこばん》を押す」「折り紙を付ける」などと言う。

チェック □□□

無《む》常《じょう》

無情　無上

永久に不変なものはあり得ないこと。

用例

うち続く戦乱に世の**無常**を感じ、山深い草庵《そうあん》で出家した。

ポイント

無常は、「常（なる物）が無い」、**無情**は、「情け（気持ち）が無い」と、まず確認しよう。すなわち、「無常」とは、「この世のものはすべて、生じたものも必ず滅《ほろ》びる、はかないものであること」を言う。一方、「無情」は、「同情や思いやりの心が無い」こと。「隣人の無情な仕打ちに批判が集まる」と、「薄情」や「不人情」とも近い。**無上**は、「この上ない」意で、「無上の喜びを感じる」などと使う。

ノート

「無常観」と言うと、仏教的な思想に基づき、人生を無常であると見る考え方。

類語

非情は、「木や石のように、人間らしい心情を持たないこと」を言い、「薄情」と同意に使うときと、「人間の情に左右されず、それを超越した境地」を言うときがある。「晩年は出家し、非情の世界に生きた」。

支《し》離《り》滅《めつ》裂《れつ》
ばらばらで、筋道が立たないこと。

神《しん》出《しゅつ》鬼《き》没《ぼつ》
鬼神のように自在に出没し所在がつかめないこと。

針《しん》小《しょう》棒《ぼう》大《だい》
ちょっとしたことを誇張して大げさに言うこと。

新《しん》陳《ちん》代《たい》謝《しゃ》
古いものが新しいものに取って代わられること。

深《しん》謀《ぼう》遠《えん》慮《りょ》
先のことまで考えて、深く思いを巡らせること。

森《しん》羅《ら》万《ばん》象《しょう》
宇宙や世界の中に存在するすべての形あるもの。

清《せい》廉《れん》潔《けっ》白《ぱく》
心を清く保ち、不正なことなどを行わないこと。

絶《ぜっ》体《たい》絶《ぜつ》命《めい》
追い詰められどうにも逃れられない困難な立場。

千《せん》載《ざい》一《いち》遇《ぐう》
千年に一度しか巡り会えないようなチャンス。

千《せん》差《さ》万《ばん》別《べつ》
多くのものがそれぞれ様々に違っていること。

前《ぜん》人《じん》未《み》踏《とう》
今までに誰も足を踏み入れたことがないこと。

前《ぜん》代《だい》未《み》聞《もん》
今までに聞いたことのない、驚き呆《あき》れた事柄。

率《そっ》先《せん》垂《すい》範《はん》
人に先立ち、進んで模範となる行動を取ること。

大《たい》器《き》晩《ばん》成《せい》
大人物は時間を掛けて、晩年に成功すること。

大《たい》義《ぎ》名《めい》分《ぶん》
その行動を、だれもがもっともだと認める理由。

大《たい》言《げん》壮《そう》語《ご》
威張って自分の力以上に大きなことを言うこと。

泰《たい》然《ぜん》自《じ》若《じゃく》
ゆったりと落ち着いて、堂々としているさま。

単《たん》刀《とう》直《ちょく》入《にゅう》
前置きを抜きにしていきなり本題に入ること。

朝《ちょう》令《れい》暮《ぼ》改《かい》
命令や規則などが頻繁《ひんぱん》に変わり、一定しないこと。

適《てき》材《ざい》適《てき》所《しょ》
それぞれの人をふさわしい役柄に就けること。

新精選国語総合 完全攻略問題集

明治書院の教科書「新精選国語総合」に準拠した問題集。ガイドと併せて使うと効果的。／1,050円（本体1,000円）

高校生の国語総合 完全攻略問題集

明治書院の教科書「高校生の国語総合」に準拠した問題集。ガイドと併せて使うと効果的。／1,050円（本体1,000円）

新精選現代文 完全攻略問題集

明治書院の教科書「新精選現代文」に準拠した問題集。ガイドと併せて使うと効果的。／1,050円（本体1,000円）

新精選古典（古文編・漢文編） 完全攻略問題集

明治書院の教科書「新精選古典」に準拠した問題集。古典編と漢文編を1冊にまとめた。ガイドと併せて使うと効果的。／1,050円（本体1,000円）

平成24年度版

真珠書院

学習参考書ラインナップ

PART 4

抽象概念を表す語

「抽象的」って、どういうこと?

とっさには答えられない、難しい質問です。でも、改まって聞かれて答えられなくても、さほど問題ではありません。日常的に、例えば、「あなたの説明は、抽象的すぎて分かりにくい。もっと具体的に話してください」と、十分使いこなせているからです。

しかし、この「抽象的」を、それ以外の表現で表そうとすると、……これは、到底無理です。辞書を読むような、実際には使えない説明をするほかありません。抽象的な概念は、抽象的な用語を用いないと、表現できません。

こんな語彙を使うのは難しいようですが、人間の頭は実に柔軟なもので、いったん、その語が頭の中に入り、その働きが十分に理解されると、必要なときに自在に使うことが可能になります。これぞ「抽象語」と思われる三〇語を厳選しましたので、意味の説明をただ暗記するのでなく、**その語が「どう働く」**のかに注意して、しっかり頭に入れてください。

チェック□□□

概念《がいねん》

事物についての大まかな内容や理解。

用例

大戦後、日本にもようやく民主主義の**概念**が定着した。

ポイント

「コンセプト」(concept)の訳語として造られた哲学用語。「概括された観念」の意で、種々の事物の中から共通する要素を抜き出し、普遍的に総合した内容のことを言うが、日常使うには「大まかな意味内容」と思えばよい。

漢字

概は「斗《と》かき」(升《ます》で穀物《こくもつ》を量《はか》る時、穀物を平らにする用具)の意から、「大まかに均《なら》す」→「あらまし」。**念**は、「心に留めおく」→「思う・考える」意。

関連語

概念的 物の見方に具体性がなく、一般的・図式的である様子。やや非難の意で用いる。

類語

観念《かんねん》 物事をとらえる意識。「彼は時間の観念に欠けている」

理念《りねん》 物事のあるべき姿についての根本的な考え。「高い理念に基づく教育」

チェック □□□

葛藤《かっとう》

矛盾《むじゅん》する事柄の解決に思い悩むこと。

用例

実社会では、理想と現実との狭間《はざま》で**葛藤**することが多い。

ポイント

「葛《かずら》」「藤《ふじ》」とも、つる状の草木。つるが延びて絡《から》み付くことから、「複雑に絡み合った状況」や、「それを解きほぐすのに思い悩むこと」を言う。「縺《もつ》れ」「いざこざ」に意味が近い。

漢字

葛・藤どちらも新しく「常用漢字」に加えられた字。**葛**の「曷」、**藤**の「滕」が、ともに「高く伸びる」意を表し、蔦状《つたじょう》の植物を表している。

類語

悶着《もんちゃく》　もめること。もめ事。「土地の境界を巡って悶着が起こる」

ジレンマ　板挟みになって苦しんでいる状態。「社の方針と自らの信条とのジレンマに悩む」

チェック□□□

観照《かんしょう》

物事をありのままに冷静に見詰めること。

用例

心静かに来《き》し方の己《おのれ》の姿を観照する。

ポイント

「ものを見る」意味の語の中でも、「観照」は「主観を交えず、対象を冷静に見ること」がポイント。その結果「物事の本質を見抜くこと」ができる。

漢字

観は、鳥が目を見開いて周囲をうかがう意から「見る・考える」、**照**は、火の炎が明るく輝く意から、「照らす」意。

同音語

観賞　**賞**は褒《ほ》める意で、見て楽しむこと。「庭の菊花を観賞する」95ページ参照

鑑賞　**鑑**は見極める意で、芸術作品を理解し味わうこと。「美術館で名画を鑑賞する」95ページ参照

ノート

この外、「カンショウ」と読む漢字に、**感傷**（物事に感じ易いさま）、**緩衝**（対立する二者の間にあって、その衝突しようとする力を和らげること）、**干渉**（他人の事に立ち入って口出しすること）などがある。

チェック

感性《かんせい》

外界の刺激を感じ取る能力。

用例

四季折々の風物に触れ、豊かな感性を育《はぐく》む。

ポイント

「理性」が、感情におぼれず筋道を立てて考える、論理的・知的な能力を言うのに対し、「感性」は、感覚や知覚を用いて、直観的に感じ取る能力として対比される。

漢字

感は、心が動き感じる、**性**は、人に生来備わる心の意から「生まれつきの性質」の意。

類語

感受性《かんじゅせい》　外から受ける刺激によって、感動することのできる能力。「彼女は実に感受性の豊かな人だ」

受容性《じゅようせい》　自分の心に受け入れる働きや能力。「その少年は、みずみずしい受容性を生まれながらにして持っていた」

対語

理性《りせい》　論理的に考え、判断する能力。「酷《ひど》い仕打ちに危うく理性を失いそうになる」145ページ参照。

チェック□□□

含蓄《がんちく》

意味が深く、味わいがあること。

用例
老僧の**含蓄**のある一言一句が、聴衆の**心**を打つ。

ポイント
文章・言葉についてしか言わない語。「含み蓄《たくわ》える」のは、「深い味わい」。「含蓄がある」「含蓄に富む」といった限られたパターンでしか使わない。

漢字
含は、口に物を入れたままにする意から「含む」、**蓄**は、収穫物を蓄える意から「蓄える」意を表す。「畜」も本来は「蓄える」意だったが、後に「蓄」と区別して家畜の意に用いる。

類語
含み　直接表現されていないが、その中に込められている意味や内容。「相手を刺激《しげき》しないよう言葉に含みを持たせる」

意味深長《いみしんちょう》　裏に深い意味が隠されている様子。「意味深長な言い回しに、真意を量《はか》りかねる」。「深長」の表記に注意。32ページ参照。

チェック□□□

観念《かんねん》

物事について、頭の中に生じる意識や考え。

用例

「抽象画に徹《てつ》し、美の**観念**を追求する。」

ポイント

もと仏教用語で、「心静かに仏の教えを思うこと」を言ったが、西洋哲学の影響を受けて、現在では「抽象的に頭の中で考える」意で用いられる。なお「観念」には、「覚悟する」意もある。「もうこれまでと観念する」。

漢字

観は、鳥が目を見開いて周囲をうかがう意から、「見る」「考える」、**念**は心の中に含《ふく》む意から、「思う」「心に留める」意。

関連語

観念的　具体的な事実を離れ、頭の中だけの考えに偏《かたよ》る様子。「彼の平和論は観念的で、現実を見ていない」

類語

概念《がいねん》　物事についての大まかな内容や理解。118ページ参照。

理念《りねん》　物事のあるべき根本的な考え。「平和の理念を問い直す必要がある」

チェック□□□

帰納《きのう》

具体的事実から共通点を求め、一般的な法則を導き出すこと。

用例

「科学では、個々の事象から**帰納**する思考法が重視される。」

ポイント

「帰納」という語は、「演繹《えんえき》」と強く対応する概念で、「大原則を当てはめる」のが「演繹」、「具体例から法則を見つける」のが「帰納」だ。よく「帰納」を「特殊《とくしゅ》から普遍《ふへん》を導き出すこと」と説明するが、この場合、「特殊」は「様々な具体的事実」に、「普遍」は「一般的な原理・法則」に当たる。

漢字

帰は、本来は「嫁ぐ」意。後、「赴《おもむ》く」「行き着く」「従う」などの意に。ここでは「行き着き、収まる」意。

納は、「織物（糸）を小屋の中に入れる（内）」意から、「納《おさ》める」意。共に「一つの所に集約されて行くさま」を言う。

対語

演繹《えんえき》　**演**は「押し広める」、**繹**は「糸口を引き出す」意で、一般的な原理・法則から、他の特殊な事実を推し量り、説明すること。

チェック□□□

客観《きゃっかん》

自分の感情にとらわれず、第三者の立場で見たり考えたりすること。

用例

「感情に走らず、自らの置かれている立場を客観する。」

ポイント

「主」が自分、「客」が相手。「観」は「ものの見方」を意味するから、「主観《しゅかん》」は、自分の「考えで見る」、「客観」は、自分に「相対《あい》するものとして見る」こと。

漢字

客は家にやって来る人の意から、「客」「旅人」「自分に相対するもの」、**観**は鳥が目を見開いて周囲をうかがう意から、「見る」「考える」意。

ノート

客にはカク・キャクの二音があり、客観は「かっかん」とも読む。他に「カク」の読みが一般的と思われる語に、「客員《かくいん》・剣客《けんかく》・刺客《しかく》・論客《ろんかく》」がある。

関連語

客観的 物事を冷静に見たり考えたりする様子。「客観的な意見を尊重する」

対語

主観 その人独自の考え方や感じ方。「主観は大切だが、それにとらわれてはいけない」

虚構《きょこう》

事実でないことを事実であるかのように仕組むこと。

用例

小説の多くは、作者が想像力で紡《つむ》ぎ出した**虚構**の世界だ。

ポイント

「虚構」は「作り事」の意で、「噂《うわさ》と虚構をない交ぜにしてでっち上げられた記事」などと、あまりいい意味には使わない。しかし、「文学」の世界では違う。そもそも「小説」「物語」の存在価値が「虚構」にあると言ってもよく、「作者が、想像力によって作品を組み立てる」ことを言う。「フィクション」「仮構」とも言う。

漢字

虚は、大きな丘の意から転じて「虚《むな》しい」、**構**は、木を組み合わせ構える意から「組み立てる」意。

対語

事実 実際にあった事柄。また、実在する事柄。「事実は小説より奇なり」（イギリスの詩人バイロンの言葉）

類語

架空《かくう》 「空中に架《か》け渡す」が原義で、事実でなく、想像で作り出すこと。「架空の動物を、作品の主人公にする」

チェック □□□

具《ぐ》体《たい》

はっきりした姿・形を備えていること。具象《ぐしょう》。

用例
「過疎《かそ》化した山村の、活性化計画を具体化する。」

ポイント
「抽象」の対応語で、「形（＝体）を備えている（＝具）こと」。**抽象**が、頭の中で作り上げられた概念で、捉《とら》えどころがなく、漠然としがちなのに対して、実際に存在するものとして触《さわ》り、見ることのできるものを言う。ただ「具体」だけを単独で使用することはなく、多く「的」「化」「性」を伴って使う。

漢字
具は、鼎《かなえ》（古代中国で使われた金属製の祭器）を両手で捧《ささ》げ持つ形から「備える」、**体**は、体の意から、「形《かたち》」の意。

関連語
具体的　はっきりした形を備えている様子。「意図を具体的に説明する」
具体化　はっきりと形を備えたものにすること。計画などを実行すること。
具体性　形あるものとして、実行する可能性があること。

抽象概念を表す語

チェック

原則《げんそく》

特別な場合を除き、一般に適用される基本的な規則・法則。

用例

林間学校には全員参加を原則とする。

ポイント

「原則」とは、本来「根本となる法則」を意味し、いい加減な「決まり」を言うわけではない。ところが、「例外のない規則はない」と言われるように、規則には普通、原則を適用できない場合を想定し、例外規定を設けるから、「規則」というと「抜け道」がないが、「原則」には、なにがしか「抜け道」のある、あいまいな決まりのように思われるようになった。「建て前」と「本音」との関係に似ている。

漢字

原は、崖下《がけした》から湧《わ》き出る泉の意から「源《みなもと》・根本」、**則**は、昔、鼎《かなえ》（古代中国で使われた金属製の祭器）に、刀で法則を刻《きざ》んだことから「法則」の意。

対語

例外　一般の原則に当てはまらないこと。また、そのもの。「例外として参加を認める」

チェック□□□

克己《こっき》

自分の欲望や邪念に打ち勝つこと。

用例

利己的な行動を抑《おさ》え、克己の志を貫く。

ポイント

「克己」は「己《おのれ》に克《か》つ」と読める。この「自分」は、時に、欲望や邪念《じゃねん》（正しくない心）に囚《とら》われる、弱みを持つ自分。こんな「己」を「超克《ちょうこく》」（乗り越え打ち勝つ）するのが「克己」なのだ。なお、「自制」は、自分を抑《おさ》えることであるのに対し、「克己」は、自分に打ち勝つことによって、新たな自分に転化する、プラス指向に力点がある。

漢字

克は、甲《かぶと》の重さに耐える意から、「よくする・勝つ」。「克」を「勝つ」意で使う例に、「克服」（困難を乗り越える）「相克」（互いに相手に勝とうと争うこと）などがある。**己**は「自分」の意。

類語

自制　自分の欲望や感情を自分で抑えること。「怒りが込み上げてきたが、危うく自制した」

チェック

次元《じげん》

物事を考えたり、行ったりする時の立場。

用例

弱者の立場が視野にない、**次元**の低い話には賛成できない。

ポイント

数学では、線・面・空間の広がりを表す概念を「次元」と言う。それが、広く一般に、物事を考えたり、行ったりするときの「基準」を言うようになった。ただ、数学で言う「n次元」などが、理屈としてはあり得ても実感できないように、「基準」と言っても、超現実的な曖昧《あいまい》さを持つ。「世界が違う」と言う方が現実味がある。

ノート

数学で言う「次元」は、直線が一次元、平面は二次元、立体・空間は三次元で示される。ちなみに「四次元」は、縦・横・高さの三次元の空間に、「時間」の「次元」を加えたもの。

漢字

次は、立ち止まって休む意から「宿る」「次ぐ・順序」、**元**は、人の頭の形から「頭・根本」などの意。

チェック □□□

象徴《しょうちょう》

抽象的な事柄を具体的な事物で表すこと。また、そのもの。

用例 鳩《はと》を平和の象徴とする表現技法は、世界に定着している。

ポイント 「象徴」は、本来「似せた徴《しるし》」の意だが、フランス語「シンボル」（symbole）の訳語として用いられたもの。その実態を簡単には捉《とら》えにくい、集団・世代・組織などの特徴を、端的に表すものを言う。「象徴」は、本来、無関係のものを結び付けるのに対し、「比喩《ひゆ》」は、二つのものの共通性で結び付ける。

漢字 **象**は、動物のゾウの象形《しょうけい》から「形・象《かたど》る」、**徴**は、下の者を取り立てる意から「取り立てる・徴《しるし》」の意を表す。

関連語

表象《ひょうしょう》 意識に表れる形やイメージ。「象徴」と同意でも用いる。

比喩《ひゆ》 物事を説明するのに、似た所のある他の物事を借りて表現すること。例えば、肌の白さを表現するのに、「雪のように」と「雪（の白さ）」を例にするたぐい。

チェック □□□

条理《じょうり》

物事の筋道。

用例

条理に適《かな》った意見に、反論の余地はない。

ポイント

「条理」は、「分析」（141ページ参照）と同様に、意味の似通った字を重ねて意味を明確にした熟語。「条」も「理」も「筋を通す」という、あの「スジ」の意だ。「道理」と、ごく近い語。

漢字

条は、木の細長い枝の意から「筋・道筋」、**理**は、玉の筋目の意から「理《ことわり》・筋道」の意。「理」を「ことわり」と訓読みするのは、「事割り」（物事の是非や優劣を、筋道を立てて判断すること）の意から。

関連語

道理《どうり》　**道**も「筋」の意。物事の正しい筋道。「無理が通れば道理引っ込む」

条理を尽くす　筋道をきちんと立てる。「事の経緯《けいい》を条理を尽くして説明する」

同音語

情理　人情と道理。物事の筋道。「情理を立てて話す」

チェック□□□

相対《そうたい》

他のものとの関係において成り立ち、存在すること。

用例

相対的な評価を行うと、序列を争う弊害《へいがい》を生みかねない。

ポイント

「相対」は、「絶対」の対応語。「絶対」が、「他者の存在を許容しない」のに対し、「相対」は「向き合っている」の字義どおり、「他者との関わりで存在すること」を言う。なお「絶対」は「神は絶対の存在とされる」のようにも使うが、「相対」は単独では使わず、多く「的」「化」「性」を伴って使う。

漢字

相は「互いに」、**対**は「向かい合う」意。

関連語

相対的　物事が他との関係において存在している様子。「大小・優劣《ゆうれつ》などの判断は相対的で、条件によって異なる」

相対化　他者と比較することで、そのものの本質を明確にすること。

対語

絶対　他と並ぶものがなく、どんな制約も受けないこと。なお「絶体」は「絶体絶命」の時だけだから注意。

チェック □□□

疎外《そがい》

除《の》け者にすること。よそよそしくして近づかせないこと。

用例

疎外される人の立場に立ってみる視点が求められる。

ポイント

マルクスが、資本主義社会で、人間が自らが作り出したものに支配されて、人間らしい生き方・あり方を奪われている状況を「自己疎外」「人間疎外」と呼んだことで、社会科学的なニュアンスを持つようになった語。

自己疎外　劣悪な社会状況により、人が非人間的な環境に置かれること。

人間疎外　人間自身が作り出したものに支配され、社会的な共有が出来ず孤立化すること。

漢字

疎は、流れが通じる意から「通る・遠ざける」、**外**は、外す意。「疎外」の原義は「除け者にすること」

関連語

疎外感　除《の》け者にされている時に覚える不快な感情。「転校当初は疎外感に悩んだ」

同音語

阻害　邪魔をすること。妨げること。「友好関係を阻害する」

チェック□□□

直観《ちょっかん》

推理や判断などによらず、物事の本質を直接に捉《とら》えること。

用例

事件の背後に潜《ひそ》む、根深い腐敗《ふはい》の構図を直観した。

ポイント

「直観」は「直に観《じかみ》る」意で、直接物事の本質をすぱっと見抜く、知的な働きによるのに対し、「直感」は「直《す》ぐに感じる」意で、「怪しい」とか「相性がよい」とか、勘でぴんと感じ取る、感覚的な働きによる。「直覚」は「直観」に近い。「観」と「感」の使い分けについては、152ページ参照。

漢字

直は、真《ま》っ直《す》ぐに見る意から「真っ直・正しい・直《じか》に」、**観**は、鳥が目を見開いて周囲をうかがう意から「見る・考える」意。

類語

直感　物事の真相を、勘などで瞬間的に感じ取ること。「その挙動からスリだと直感した」

ノート

直答《ちょくとう》と**直答《じきとう》**　「人を介さず、相手に直接答えること」はチョクトウ・ジキトウともに言うが、「すぐその場で答えること」はチョクトウだけ。

チェック

定義《ていぎ》

事柄の内容や言葉の意味を明確に決めること。

用例

長い紛争《ふんそう》の末、ようやく「領海」の定義が定着した。

ポイント

「定義」は、「意味を定める」意だが、この「意味」とは、物事を曖昧《あいまい》なままにせず、その本質を、他と明確に区別できるように述べた説明のこと。だから、「国家の定義」とは、「国とは、そもそもどういうものなのか」を説く「説明」なのだ。

漢字

定は、家屋が真っ直に建つ意から「定まる・定める」、**義**は、生けにえの羊《ひつじ》に刃を当てる際の作法の意から「正しい・道・意味」の意。

関連語

定理　数学で、公理や定義によって証明された一定の理論。「ピタゴラスの定理」

ノート

義と儀　「義」と「儀」は、もとは同じ意味であったが、後に、「義」は「正しい道」・「意味」など（正義・意義など）抽象的な意味を、「儀」は「作法」・「礼儀」など（儀式・婚儀など）、具体的な意味を表すようになった。

チェック□□□

動機《どうき》

人が意思や行動を決定する直接の原因。

用例

「ボランティア活動に加わった**動機**を手記にする。」

ポイント

「動機」は「事の起こるきっかけ」の意を表すが、客観的な事象を広く言うのではなく、「人が行動するきっかけ」に限って言う。だから、「いざこざが起こった動機」などと、客観的な描写には使わない。あくまで、「人が、何かをしようと思った、その元となった気持ち」を言う。

漢字

動は、重いものを力を入れて動かす意から「動かす」、**機**は、細かい仕組みの器具の意から「仕組み・要《かなめ》・切っ掛け」などの意。

類語

動因《どういん》　物事を引き起こす直接の原因。「一発の銃声が、泥沼の戦いの動因となる」

転機《てんき》　他の状態・状況に変わるきっかけ。「家業を継ぐかプロを目指すか、人生の転機に立つ」

モチーフ　創作活動の動機となったもの。「私生活を赤裸々《せきらら》に描いた作品のモチーフを探る」

チェック□□□

媒体《ばいたい》

双方の橋渡しをするもの。情報を伝達する手段となるもの。

用例

「情報の**媒体**としてインターネットの進化は目覚ましい。」

ポイント

テレビや新聞など、大量の情報を伝達する「マスメディア」、一方、インターネットを通じて、個人が発信できる「ツイッター」など、橋渡しをする物・手段を「媒体」と言う。一方、双方《そうほう》の橋渡しをする行為を「媒介」と言うが、「情報」等の場合には使わない。

漢字

媒は、「媒酌《ばいしゃく》」（仲人《なこうど》をすること）など、「男女の仲を取り持つ」意。**体**は、多くの骨から成る体の意から「形」の意。

類語

仲立ち　両者の中に入って世話をすること。一般には、人と人との間を取り持つことを言う。

橋渡し　橋を架け渡す意から、両者の間を取り持つこと。「交渉再開へ二国間の橋渡しをする」

関連語

媒介《ばいかい》　二つのものの間にあって作用を与えること。また、病原菌を一方から他方へ移すこと。

チェック□□□

皮肉《ひにく》

相手を遠回しに、意地悪く非難すること。

用例
上司の**皮肉**たっぷりの挨拶《あいさつ》に笑いが漏《も》れる。

ポイント
「皮と肉」から「上辺《うわべ》」「当て擦《こす》り」（他のことにかこつけて悪口を言うこと）の意を表す。「皮肉」が、非難が個人的なものであり、意地悪な言葉であるのに対し、「風刺《ふうし》」は、批判の矛先《ほこさき》が社会や公的人物に向けられ、好意的に迎えられるものを言う。

ノート
「皮肉」は、また「物事が予想や期待に反した結果になること」も言う。「失敗が成功に繋《つな》がる皮肉な巡り合わせ」

漢字
皮は、獣の皮を手で剥《は》ぎ取る形を写して「皮」、**肉**は、肉を切り取った形を写して「肉」の意。

類語
アイロニー　皮肉。風刺。イロニー。
風刺　遠回しに社会や人物の欠陥や誤りなどを批判すること。「経済偏重《へんちょう》の風潮を風刺する」

チェック□□□

普遍《ふへん》

広く行き渡ること。すべてに共通してあること。

用例

平和と安全は、人類にとって**普遍**の願いである。

ポイント

「普遍」の対義語は「特殊」。「普遍」が「すべてに共通してあること」を言うのに対して、「特殊」は、「普通と違っていること」を言う。例えば、夏目漱石《なつめそうせき》を「人間」として捉《とら》えた場合は、人間に共通する性質を備えた「普遍」的な存在で、一方、個人としての漱石は、個性を持った「特殊」な存在だと言える。

漢字

普は、太陽の光が広く行き渡る意から「あまねく」、**遍**は、平たく広がる意から「行き渡る」意。

関連語

普遍性　すべてのものに共通する性質。「特殊な用例が多く普遍性に欠ける」

普遍的　すべてのものに当てはまる様子。「人類の普遍的な願い」

対語

特殊　普通と違っていること。「特殊な方法を用いて局面を打開する」

チェック□□□

分析《ぶんせき》

事物を分解して、その成分・要素などを明らかにすること。

用例

目まぐるしく変化する情報を的確に**分析**する。

ポイント

似通った意味の語「分」と「析」を重ねることで強め、「分ける」ことでその意味をより明確にする意。古くから「分析」と「総合」とは、物事を科学的にとらえる、対称的な方法として重視された。まずは、対象を細かい部分に分け、その内容・性質を明らかにし（分析）、それをまとめ上げて、全体像をつかむ（総合）というやり方だ。

ノート

最近は「分析」を重ねても、なかなか全体をつかめない反省から、「総合」的なものの見方を推奨する気運が強い。

漢字

分は、刀で切り分ける意から「分ける」、**析**は、木を斤《おの》で裂《さ》き割る意から「分ける」意。

対語

総合　ばらばらなものを一つに合わせ、まとめること。「全員の意見を総合し、改革案をまとめる」

チェック□□□

偏見《へんけん》

偏《かたよ》った見方や考え方。

用例
「肌の色に対する**偏見**から解放されるまで、長い歳月を要した。」

ポイント
「先入観」は「前から持っている思い込み」を言うが、「偏見」はそうした「思い込み」に基づく「偏《かたよ》った見方」を言う。「偏った」とは、「公平さに欠ける」意で、批判的なニュアンスを持った語。

漢字
偏は、中正でない人の意から「片寄る」、**見**は、人が大きく目を見開いている形から「見る」意。

僻見《へきけん》　「僻」も「片寄っている」意で、「偏見」と同様の意味で使うが、「僻」の字は「常用漢字」には採られていない。

類語
先入観《せんにゅうかん》　ある事柄について前から持っている思い込み。「先入観が正しい判断の妨げとなる」

色眼鏡《いろめがね》で見る　先入観でものを見る。「つまずいた少年を色眼鏡で見ないでほしい」

チェック □□□

包括《ほうかつ》

ひっくるめ、一まとめにすること。

用例
議題には、各国が抱《かか》える問題を**包括**して採り上げる。

ポイント
「包んで一つにする」意だが、必ず、抽象的な概念に限って言い、例えば、「たくさんのイモを一つの袋に包括する」などと、具体的な事物については言わない。

漢字
包は、身ごもる意から「全体を覆いくるむ」、**括**は、手で合わせ括《くく》る意から「一つに束ねる」意。

関連語
包括的　物事が全体に及ぶさま。「世界の動きを包括的にとらえる」

類語
一括《いっかつ》　一まとめにすること。「議案を一括して審議する」
総括《そうかつ》　ばらばらのものをまとめ、締めくくりを付けること。「様々の意見を総括して大会の意思を決定する」
統括《とうかつ》　**統**は、一つにする意で、別々になっているものを一つにまとめること。「諸業務を統括する部署《ぶしょ》を設ける」

チェック□□□

命題《めいだい》

解決しなければならない問題。

用例

自然との調和は、人類に課せられた**命題**である。

ポイント

「命題」とは「題を命ずる」、すなわち「題名を付ける」ことが原義。ひいては、「判断を言葉や式・記号で表したもの」を言う。「『AはBである』という命題は……」という表現の場合、「命題」を「判断」と置き換えて読んで問題はない。ただ、現在では、「課題」と同意に使うのが普通。

漢字

命は、神のお告げの意から「言い付ける・名付ける・命」など、**題**は、顔の中で突き出ている額《ひたい》の意から「初め・題・記す」などの意。

類語

課題《かだい》　**課**は、「分担し割り当てる」意で、割り当てられた（やらねばならない）問題。「夏休みの課題」「低所得者層への手当てが課題だ」

テーマ　広く芸術の中心となる思想内容。さらには広く、様々な仕事や任務の目的。「われわれのチームに与えられたテーマ」

チェック

理性《りせい》

道理に基づいて考え、判断する能力。

用例

大震災の混乱の中でも理性を保つ人々の姿に感銘《かんめい》を覚える。

ポイント

本能や感情に左右されず、冷静に判断し行動する能力は、人間だけにあるもので、「理性」は、他の動物と区別される「人間の本質」とされてきた。

漢字

理は、玉の筋目《すじめ》の意から「筋道・道理」、**性**は、生来備わる心の意から「生まれつきの性質」の意。

関連語

理知《りち》「理性」と「知恵」を合わせた語。感情に流されず、物事の道理を論理的に判断する心の働き。

理性的　本能や感情に走らず、理性によって判断したり行動したりする様子。対義語は「感情的」。「彼は常に理性的な行動を取る」

対語

感性《かんせい》　外界の刺激を感じ取る能力。感受性《かんじゅせい》。121ページ参照。

チェック□□□

倫理《りんり》

人として守り、行うべき道。

用例

「医療行為を巡って、医師の**倫理**が厳しく問われている。」

ポイント

本来、「人間関係を律《りっ》する（判断したり、処理したりする）決まり」の意から「人間同士の筋道」を表すようになった言葉で、「道徳」「モラル」と同義だが、「政治倫理」「企業倫理」など、やや硬めの表現に使われる。

漢字

倫は、つながりのある人間同士の意から「仲間・道」、**理**は、玉の筋目《すじめ》の意から「道理・筋道」の意。

関連語

倫理観　何が人の道に適《かな》うかの判断。「人としての倫理観が問われる」

倫理的　人として守り行うべき道に適っている様子。「報道に倫理的な視点が求められる」

類語

道義《どうぎ》　人の守り行うべき正しい道。「罪には問えないが、道義的な責任を感じるべきだ」

徳義《とくぎ》　道徳上守らなければならない事柄。「『嘘をつかない』は、人として大切な徳義の一つだ」

チェック□□□

類型《るいけい》

ありふれていて個性のない型。

用例

彼の描く人物はサラリーマンの**類型**にすぎず、個性がない。

ポイント

「似ている型」が原義で、幾つかのものの中に共通する性質・型を言う。「昔話を幾つかの類型に分類する」などと用いるのが本来だが、現在では、「ありふれた」というニュアンスが強くなっている。「共通の特徴を備えている」点では「典型」と似ているが、「典型」が、個性的であるのに対し、「類型」は、平凡でありふれたものを言う。

漢字

類は、「類」の略体で、「頁」(あたま)と「米」(こめ)と「犬」(いぬ)とを合わせた会意文字。いずれも丸い点で似ているところから「比べる・似ている」意。

関連語

類型的　ありふれていて個性のない様子。「類型的な描写が目に付く」

対語

典型　同類のものの中で、その特徴を最もよく表しているもの。「戦時下の苦悩する若者の典型を描く」

徹《てっ》頭《とう》徹《てつ》尾《び》
最初から最後まで。どこまでも押し通すこと。

当《とう》意《い》即《そく》妙《みょう》
その場その場に合う機転を素早く利かすこと。

同《どう》工《こう》異《い》曲《きょく》
外見は違うようでも結局中身は同じであること。

東《とう》奔《ほん》西《せい》走《そう》
仕事や目的のため忙しくあちこち駆け回ること。

二《に》者《しゃ》択《たく》一《いつ》
二つの物事のうち、いずれか一つを選ぶこと。

日《にち》常《じょう》茶《さ》飯《はん》
日常の食事のように、ありふれた平凡な事柄。

二《に》律《りつ》背《はい》反《はん》
一つの物事が互いに矛盾し、両立しないこと。

馬《ば》耳《じ》東《とう》風《ふう》
人の意見や忠告などを心に留めず聞き流すこと。

半《はん》信《しん》半《はん》疑《ぎ》
信用できるのとできないのが半々であること。

美《び》辞《じ》麗《れい》句《く》
表面を美しく飾り立てた、耳障《みみざわ》りの良い言葉。

付《ふ》和《わ》雷《らい》同《どう》
確固とした見識もなく他人の説にただ従うこと。

粉《ふん》骨《こつ》砕《さい》身《しん》
骨身を惜しまず、心身の続く限り努力すること。

傍《ぼう》若《じゃく》無《ぶ》人《じん》
周囲に構わず、勝手気ままに振る舞うこと。

本《ほん》末《まつ》転《てん》倒《とう》
根本的なことと些細《ささい》なことが逆に扱われること。

無《む》我《が》夢《む》中《ちゅう》
あることに心を奪われて我を忘れてしまうこと。

無《む》味《み》乾《かん》燥《そう》
内容に少しの面白みも味わいもないこと。

面《めん》目《もく》躍《やく》如《じょ》
その人らしい立派さが表れ、評判が高まること。

優《ゆう》柔《じゅう》不《ふ》断《だん》
なかなか決断できず、煮え切らないさま。

理《り》路《ろ》整《せい》然《ぜん》
物事や話の筋道がきちんと通っているさま。

臨《りん》機《き》応《おう》変《へん》
その時その場に応じてふさわしく処理すること。

PART 5

三字の熟語

「四字熟語」は、おなじみのものが多く、意味深長《いみしんちょう》・温故知新《おんこちしん》・千載一遇《せんざいいちぐう》……挙げればきりがないほど。でも本書では、あえて「三字熟語」の方をメインに採り上げました。

「四字熟語」には、来歴を持つケースが多く、たとえば「温故知《おんこち》新《しん》」は、「論語」の一節「古きをたずねて、新しきを知る＝昔のことを参考に、今のことを深化させる」からできたもの……なるほど。でも、自分の文章に、どう使う？　となると、非常に限られます。使用範囲が狭いのです。しかし、いったんタイミングが合うと、ぴたりとはまります。コラムとしましたから、参考にしてください。

一方、「三字熟語」は、二字熟語に、接頭語的あるいは接尾語的な漢字一字が加わったものがほとんどで、その「二字」がつなぐ、横の広がりから「汎用性《はんようせい》」があり、しかも、文章にスパイスを利かすのに便利な語が多いのです。ここでは、三〇語しか採り上げていませんが、「三字熟語」の全体像を、ほぼ一望してもらえるのではないかと思います。

チェック□□□

悪《あく》循《じゅん》環《かん》

互いに影響し合って、悪い状況が繰り返されること。

用例

「賃上げが更に物価上昇を生む**悪循環**を断たねばならない。」

ポイント

「悪＋循環」で構成されている語。「悪」は「悪い・好ましくない」意を表す接頭語。**循環**は、一回りしてまた元に戻り、それを繰り返すこと。「悪循環」で、「よくない繰り返し」を言うが、例えば、売れない商品の値段を下げると、品質も落ち、余計に売れなくなる、というふうに、因果関係にあるところがポイント。

漢字

循は、巡り行く、**環**は、輪の形の玉の意。

関連語

「悪」が下接する名詞を修飾する三字熟語に、「悪感情」「悪条件」「悪趣味」などがある。これらは「悪い…」で理解できるが、**悪平等**はややニュアンスが異なる。「悪い平等」では消化不良気味。「それぞれの特質を考えず、一律に平等に扱うため、かえって不公平になること」を言うので注意。

チェック□□□

違和感《いわかん》

しっくりしない感じ。

用例

心の中に冷めた自分がいて、会場の熱気に違和感を覚える。

ポイント

「違和＋感」で構成されている語。「違和」は、もと「体の調和が失われること」を言い、転じて「しっくりしない」意に。「感」は「……の感じ」の意を表す接尾語。「異和感」と書き誤りやすいので注意。「異」は「異論・異郷」など、多く「異なった……」と修飾語の形で用いる。一方「違」は「違法・違約」など、多く「……に背《そむ》く」と動詞の形で用いる。「違和」は「（調）和に違《たが》う」意で、「異った（調）和」ではない。

漢字

違は、違《ちが》う、**和**は、調和の意。

関連語

疎外感《そがいかん》　周囲との関わりを断たれ、よそよそしくされている不快な感じ。

挫折感《ざせつかん》　気持ちがくじけ、やり遂げようとする意欲が失われる感じ。

劣等感《れっとうかん》　自分が他人より劣っているという感じ。コンプレックス。

チェック □□□

価値観《かちかん》

物事にどういう価値を認めるかという見方・考え方。

用例

戦乱の世の人々と今の私たちとでは、**価値観**が異なって当然だ。

ポイント

「価値＋観」で構成されている語。「観」は、「見方」の意を表す接尾語。「違和感」などの「感」が「……の感じ」の意を表すのに対し、「観」は「……についての見方・考え方」の意を表す。「感」の付く語には、

親近感《しんきんかん》　身近な親しい感じ。「年齢が近く親近感を覚える」

優越感《ゆうえつかん》　自分が他より優れていると思う感じ。

その他、「危機感・責任感・疎外感《そがいかん》・臨場感《りんじょうかん》・劣等感」などがある。

また、「観」の付く語には、

世界観《せかいかん》　世界についての考え方。「震災に遭って世界観が変わった」

先入観《せんにゅうかん》　前から持っている囚《とら》われた見方。

などがある。

漢字

価・値とも、価《あたい》・値打ちの意。**観**は、鳥が目を見開いて周囲をうかがう意から「見る・考える」意。

チェック □□□

画《かっ》期《き》的《てき》

新しい時代や分野を開くほど、優れている様子。

用例

「人工衛星の打ち上げは、宇宙工学に**画期的**な進展をもたらした。」

ポイント

「画期＋的」で構成されている語。「画期」は、「時代に一つの区切りを付ける」意。また、「的」は、中国語で日本語の「の」に相当する助詞。日本では明治時代初期に、英語の「—tic」の翻訳に「的」を当てたのが始まりと言う。使い方は三通り。

ア ……に関する。「政治的な発言」「科学的な調査」

イ ……らしい。「日本人的発想」「野性的な生き方」

ウ ……の状態にある。「画期的な進展」「意図的な妨害」

漢字

画は、旧字は「畫」で、「筆」と「田」からなる字。田んぼの境界を描くのが原義。ここでは、「区切りを付ける」意。**期**は、時の意。

類語

エポックメーキング 「時代（エポック）を作る」意で、新時代を切り開くほどの、従来とは違った意味を持つこと。

チェック□□□

過渡期《かとき》

物事が新しいものに移り変わっていく途中の時期。

用例
封建社会から近代へと変貌する、**過渡期**に生きた人々を描く。

ポイント
「過渡＋期」で構成されている語。「過渡」は、「新しい状態に移って行くこと」。「期」は「……の時期」の意を表す接尾語。他にも「思春期」「反抗期」「変声期」などと使う。

漢字
過は、通り過ぎる、**渡**は、水を渡る意。「過渡期」を「カドキ」と読み誤る人がいるが、「渡」には「ト」の音しかないことを確認してほしい。「渡」の音を表す「度」が、専ら「ド」と読まれることから生じた誤り。

関連語
揺籃期《ようらんき》　物事が発展する初めの時期。「揺籃」は揺《ゆ》り籠《かご》の意。
黎明期《れいめいき》　新しい時代が始まろうとする時期。「黎明」は夜明けの意。
四半期　「四半」は四分の一で、一年を四等分した三か月。因《ちな》みに「四半世紀」は二十五年。

チェック

求心力《きゅうしんりょく》

人の心を引きつけ、まとめていく力。向心力。

用例

重なる失言で、首相の求心力に陰りが見え始める。

ポイント

「求心＋力」で構成されている語。「求心」は、「中心に近づこうとすること」。「力」は、「……する作用」の意を表す接尾語。原義は、「物体が円運動をする時、円の中心に向かって働く力」。「向心力」とも言う。接尾語の「力」には、ア「……する力」の意と、イ「……に関する力。……の力」の意の場合があり、次のような例がある。

ア　理解力・支配力・実行力・推進力・生活力など

イ　生命力・政治力・精神力など

ノート

「力」は、「リキ」とも読み（呉音《ごおん》）、「千人力」「神通力《じんつうりき》」の例がある。

漢字

求は、求める、**心**は、中央の意。

対語

遠心力《えんしんりょく》　物体が円運動をする時、中心から遠ざかろうとする力。比喩《ひゆ》的に、権力・組織などから離れようとする力。

チェック□□□

試金石《しきんせき》

物事の価値や人の能力などを試す材料になる事柄。

用例

「隣国との領海問題への対処が、外相として最初の**試金石**となる。」

ポイント

「金属を試す石」の意で、「貴金属を擦《す》り付け、その純度を調べるのに用いる石」を言い、比喩《ひゆ》的に「人の能力を試すよい機会」の意味で使われるようになった。「石」が比喩的に使われる例は、「試金石」のほか、日常的には見当たらない。

漢字

試には、挑戦してみる（試《こころ》みる）意と確かめ調べる（試《ため》す）意があり、前者に「試練」、後者に「試験」の例がある。ここでは、「試す」意。**金**は、金属の意。

類語

踏《ふ》み絵　江戸時代、キリシタン宗徒でないことの証明に、マリア像やキリスト像を彫《ほ》った木板・銅板などを踏ませたことから、「その人の思想や立場などを試し調べること」。

瀬踏《せぶ》み　川を渡る前にちょっと足を踏み入れて、深さを測ることから、「物事をする前に試してみること」。

チェック□□□

潤滑油《じゅんかつゆ》

物事が滑らかに運ぶように取り持つ働きをするもの。

用例

「第三者委員会が、労使間の**潤滑油**の役割を担《にな》う」

ポイント

「潤滑＋油」で構成されている語。**潤滑**は、「潤《うる》いがあって滑《なめ》らかな様子」の意。本来は、「機械の焼き付きや磨耗《まもう》を防ぐために用いる油」を言うが、多く「滑らかに両者間を仲立ちするもの」の意で、比喩《ひゆ》的に用いられる。他に、「油」を比喩的な接尾語として用いる例はない。

ノート

「媒体」（138ページ）の仲間で「仲立ち」や「橋渡し」も、二者の間を取り持つ物だが、これらが「両者を繋《つな》ぐこと」自体に重点があるのに対し、「潤滑油」は、取り持ち方がいかにスムーズかに力点がある。

漢字

潤は、水気を含んで潤《うるお》う、**滑**は、水に濡《ぬ》れて滑らかな意。「滑」にはカツ・コツの読みがある。

カツ 滑る・滑らかの意。例に、滑空《かっくう》・滑車・滑走・滑脱《かつだつ》（自由自在に変化するさま）・円滑などがある。

コツ 乱す・乱れる意。「滑稽」のみ。

チェック □□□

正《しょう》念《ねん》場《ば》

物事が成るかどうかが決まる、最も大事な場面。

用例

税制改革の可否を問う選挙戦は、いよいよ**正念場**を迎える。

ポイント

「正念＋場」で構成されている語。「正念」は仏教で、「心を乱さず一心に念仏すること」。「正念場」は、歌舞《かぶ》伎《き》・浄瑠璃《じょうるり》で、「主人公が役柄の本領を発揮する最も重要な場面」を言ったことから、「大事な場面・局面」の意で用いられる。「性根場《しょうねば》」とも言った。

漢字

念は、「心に含む」が原義。「心に願う思いを口にする→唱《とな》える」から、「念仏」が生じた。**場**の「ば」の読みは「訓」で、「修羅場《しゅらば》」「愁嘆場《しゅうたんば》」など、芝居用語での組み合わせ。

類語

天王山《てんのうざん》　勝敗の分かれ目となる大事な時・場所。「天王山」は、京都と大阪との間にある山。ここを豊臣秀吉《とよとみひでよし》が戦い取り、明智光秀《あけちみつひで》に勝利したことから。

関ケ原《せきがはら》　勝敗や運命の分かれ目。「関ケ原」は、岐阜《ぎふ》県南西の地。ここで東軍・徳川家康《とくがわいえやす》と西軍・石田三成《いしだみつなり》が天下を争って戦ったことから。「天下分け目の関ケ原」を略した語。

チェック□□□

整合性《せいごうせい》

理論などの内容に矛盾《むじゅん》がないこと。

用例

福祉政策と財政健全化政策との**整合性**が問われる。

ポイント

「整合＋性」で構成されている語。「整合」は、ぴったり合う意を表す。「性」は、「……の性質」「……のこと」の意を表す接尾語。上二字の内容が、「どの程度であるか」を示すのが普通。例えば「確実性」は、「どの程度確実か」の意。他に、「性質」そのものを言うこともある。「(鳥が、必ず)自分の巣に戻る性質」を**帰巣性**と言うように。

漢字

整は、戒《いまし》め正す意から、整える意。**合**は、容器に蓋《ふた》をする意から、合う・合わせる意。**性**は、「生まれながらの心」の意から、「性別」や「性質」を言う。

関連語

妥当性《だとうせい》　ある判断や行動などが、実情に無理なく当てはまること。

普遍性《ふへんせい》　すべてのものに共通、または適合する性質。対応語は「特殊性《とくしゅせい》」、近い意味の語に「一般性」がある。

チェック □□□

善後策《ぜんごさく》

うまく後始末をつけるための方策。

用例

消費者の手に渡る前に、急いで**善後策**を講じる必要がある。

ポイント

「後を善くする策」で、普通望ましくない問題が起こった「後」の「始末」の意味で用いられる。「策」は「（うまい）方法」「計画」の意味で、二字の熟語には「国策」「政策」「術策《じゅっさく》」などよく使われるが、三字熟語としては、**収拾策**（混乱を収めるための方策）、**弥縫《びほう》策**（一時しのぎの取り繕《つくろ》い）など。

漢字

善は、うまく収める意。「善後策」をうっかり「前後策」と書き誤りやすいから注意。「ぜんご策」は「後を善くする策」と読み下すのが効果的。**後**は、物事の済んだ後の意。

関連語

後始末《あとしまつ》　物事が終わった後の処理。なお、「後片付け」が、「催し」や「事故」のような具体的な事柄にのみ言うのに対し、「後始末」は、形のないものにも言う。「喧嘩《けんか》の後始末」

チェック□□□

先入観《せんにゅうかん》

ある事柄について、前から持っている思い込みや見方。

用例

大切な事は、まず難しいという**先入観**を取り払うことだ。

ポイント

「先入＋観」で構成されている語。「先入」は「前もって心に入っていること」。「観」は、ここでは「……の見方・……の考え方」の意を表す接尾語。「観」と「感」の使い分けについては、152ページ「価値観」参照。また、「先入観」は、その「思い込み」のために、自由な見方や考え方が妨げられるという観点から言う。「先入主《せんにゅうしゅ》」「先入見《せんにゅうけん》」という言い方もあり、**成心《せいしん》**も同意。

漢字

観は、鳥が目を見開いて周囲をうかがう意から、「見る・考える」意を表す。

類語

偏見《へんけん》　偏《かたよ》った物の見方や考え方。僻見《へきけん》。142ページ参照。

色眼鏡《いろめがね》で見る　偏った考えを持って物事を見る。「社員はみな平等に扱い、予断や色眼鏡で見てはならない」

チェック□□□

総花的《そうばなてき》

関係者全員に、漏れなく利益や恩恵を与える様子。

用例

「予算案は**総花的**で、難局打開のインパクトに欠ける。」

ポイント

「総花＋的」で構成されている語。「総花《そうばな》」は「料亭などで、客が芸者・使用人など一同の者（総）に与える祝儀《しゅうぎ》（花《はな》）」で、「満遍《まんべん》なく利益を配分する」ことを比喩《ひゆ》的に言う。全体に行き渡ってはいるが、取り留めがなく効果が薄い様子を、非難する意味で用いる。「総《そう》花式《ばなしき》」とも。

漢字

総は、すべて、**花**は、芸人などに与える祝儀の意。紙をひねって「花《はな》」の形にして投げ与えたことによると言う。**的**は「……の状態にある」意の接尾語。153ページ「画期的」参照。

関連語

八方美人《はっぽうびじん》　どこから見ても難点のない美人の意から、誰からもよく思われようと、要領よく立ち回る人。

対語

重点的《じゅうてんてき》　重要な所に力を注ぐ様子。「予算を重点的に配分する」

チェック□□□

第六感《だいろっかん》

物事の本質を鋭く感じ取る心の働き。

用例

墜落《ついらく》を免れたとっさの判断は、**第六感**としか言いようがない。

ポイント

「五感」を超えた「六番目の感覚」の意。「五感」とは、視覚・聴覚《ちょうかく》・嗅覚《きゅうかく》・味覚・触覚《しょっかく》の五つ。これらの感覚以外に、場合によっては、それら以上に「核心」をとらえることのできる力・働きを言う。英語でも「sixth sence」というそうだが、ここでも「sixth」=「第六」となっているように、「六つの内の一つ」ではなく、「五つを前提に六番目」というのがミソ。

類語

勘《かん》 推理や判断によらず、直接物事を判断すること。また、その能力。

直観《ちょっかん》 推理や判断によらず、直接物事の本質をとらえること。

霊感《れいかん》 **霊**は、「神秘的」の意で、不思議な心の働きで、ぴんと感じ取ること。

インスピレーション 新たな飛躍に繋《つな》がるような、突然のひらめき。

チェック□□□

短絡的《たんらくてき》

筋道を立てて考えず、せっかちに結びつける様子。

用例
貿易中断が直ちに戦争を招くというのは、**短絡的**に過ぎる。

ポイント
「短絡＋的」で構成されている語。**短絡**は、もと「電気回路のショート」のことで、「論理」や「思考」の過程についても比喩《ひゆ》的に用いる。性急であったり、論拠が薄弱であったり、否定的なニュアンスで用いるのが普通。「論理に短絡が見られる」も言えないことはないが、「短絡的」と使うのが自然。「的」は「……の状態にある」意の接尾語。153ページ「画期的」参照。

漢字
短は、短い意から転じて、「足りない・劣っている」意を表す。「短慮」（思慮が足りない）、「短所」（劣っている点）、「短見」（浅い見識）など。**絡**は、糸が絡《から》み付く意から「つなぐ」意。

ノート
「短」を含む熟語で、最初面食らうのは**短兵急《たんぺいきゅう》**。「短兵」は短い兵器の意で、弓矢に対して刀剣などを指す。刀剣で急に攻撃する様子から、「いきなり」「出し抜け」の意になったと言う。

チェック □□□

致《ち》命《めい》傷《しょう》

再起できないようになった原因・痛手。

用例

談合の発覚が、関わった企業の**致命傷**となる。

ポイント

「致命＋傷」で構成されている語。「致命」は、「命に関わる。死ぬ」意で、「致命傷」は「死の直接的な原因となる傷」。多く「大きな痛手」や「決定的な失敗や損害」を比《ひ》喩《ゆ》的に言う。

漢字

致は、「送り届ける」意が原義。のち「招く」「尽くす」意に。ここでは、「ある状況にする・至らしめる」意。

類語

命《いのち》取《と》り　「命を失うもと」の意から、取り返しの付かない事になる原因。「ちょっとした失言が命取りになる」

重傷《じゅうしょう》　命に関わるほどの重い傷。大けが。

深《ふか》手《で》　**手**は傷の意で、戦闘などで受けた重い傷。比《ひ》喩《ゆ》的に損害などについても用いる。「深手を負う」

関連語

致命的《ちめいてき》　再起できないほどの痛手である様子。「致命的な失策をしでかす」

チェック□□□

等身大《とうしんだい》

人の身長と同じ、また同じくらいの大きさ。

用例

受賞を記念して、**等身大**の銅像を建立《こんりゅう》する。

ポイント

「等身＋大」で構成されている語。「等身」は「体と同じ高さ」。「大」は、名詞に付いて、「……の大きさ」「……ぐらいの大きさ」の意を表す接尾語。「無限大」「葉書大」「米粒大」など多用される。「等身大」は、転じて、「自分の立場や能力にふさわしいこと」の意で用いられる。「等身大の処遇に甘んじる」

漢字

等は、「竹の札」を「順序どおりに整える」意と言い、序列・順位から「等しい」意。**身**は、体の意。

類語

実物大　実物と同じ大きさ。この意では「等身大」と重なるが、「等身大」が人に付いて用いられるのに対し、「実物大の見本」「実物大の模型」など広く事物について用いる。

身の丈《たけ》　「身長」のことだが、「身の丈に合った暮らしをしろ」など、「分相応」の意でも使う。

チェック□□□

度外視《どがいし》

問題にしないで、無視すること。

用例

採算を度外視して、環境に優《やさ》しいエネルギーの開発を進める。

ポイント

「度外＋視」で構成されている語。「度外」は、「範囲の外」だから、「考慮する範囲から外す」意。大体が、用例の「採算」など、経済的に有利な条件を「棚上げする意味に使うことが多い。また「視」は「……と見なす」意の接尾語。他に、次のような例がある。

白眼視《はくがんし》　人を冷たい目で見ること。

異端視《いたんし》　正しい血筋・系統から外れていると見なすこと。

過大視《かだいし》　物事を実際以上に考えること。

等閑視《とうかんし》　物事をおろそかにすること。

漢字

度は、物差しで測る意から「基準・範囲」の意。「限度」「適度」など。

類語

無視《むし》　価値を認めず問題にしないこと。「度外視」が、価値を認めながら考慮から外すのと趣《おもむき》を異にする。

目もくれない　見向きもしない。「度外視」より「無視」に近い。「くれる」は、「何かをある方向に送る」意。

チェック □□□

独《ど》壇《だん》場《じょう》

その人だけが思うままに活躍できる場所。

用例

軽妙な話芸で会場を沸かせ、彼の**独壇場**の感があった。

ポイント

「独壇場」は、もと「独擅場《どくせんじょう》」だったが、「擅」を「壇」と誤用したことから出来た慣用語。「独＋擅場」で構成され、「擅場」が、「その場をほしいままにする」意。「恣《ほしいまま》」とは、「好きなようにする」「思い通りになる」意。

漢字

独は、独《ひと》り、**壇**は、一段と高くなった場所の意だが、この字は本来ではなく、「擅」が、ほしいままの意。

類語

独《ひと》り舞台　多くの中で一人が際立っていること。一人が思うままに振る舞うこと。

関連語

「場」が下に付く三字熟語は、普通「○○＋場」の構成で、「場」を「ば」と読むケースが多い。

修羅場《しゅらば》　激しい争いの行われる場所。「修羅」は闘争を好む古代インドの神。「修羅場《しゅらじょう》」とも。

愁嘆場《しゅうたんば》　嘆き悲しむ場面。もと人形浄瑠璃《じょうるり》・歌舞伎《かぶき》などで、登場人物が嘆き悲しむ場面。

チェック□□□

風物詩《ふうぶつし》

その季節の感じをよく表している事物。

用例
闇《やみ》に乱舞する源氏蛍《げんじぼたる》は、湯の里の初夏の**風物詩**だ。

ポイント
「風物＋詩」で構成されている語。「風物」は、「その土地や季節の特徴を示す風景や事物」を言うから、「風景や景色を歌った詩」。転じて、「そのような趣を感じさせるもの」の意で用いる。「風物詩」と呼べるものは、具体的なものはもちろん、「行事」なども含めて言うことも多い。「師走《しわす》の顔見世は、京の風物詩としてなじんでいる」など。

漢字
風は、「凡」と「虫」から成る字と言い、「凡」が「風をはらんだ帆の形」を、「虫」は、「風を起こす龍」の意と言う。「風」の吹く「自然・景色」をも表す意になり、「風景」「風土」など。**物**は、事物の意。

関連語
風趣《ふうしゅ》　風情《ふぜい》のある趣《おもむき》。「古いお寺には、風趣に富んだ庭園がある」
風致《ふうち》　自然の景色が持っている趣・味わいの意。「風致地区」

チェック □□□

不可避《ふかひ》

どうしても避けることができないこと。

用例
わが国は地理的にも、この時季の台風の襲来は不可避だ。

ポイント
強いて分ければ「不可」＋「避」。漢文では「可」を「べし」と読み、「不可」で、「（……する）べからず」と読む。ここでは「……することができない」意を表し、後に「……する」内容を表す字が来る。「不可解」（理解できない）、「不可欠」（欠かせない）、「不可分」（分離できない）など。

漢字
不は、下に来る語を打ち消して、①「……でない」（不自然）②「……しない」（不参加）③「……がない」（不見識）④「……がよくない」（不出来）などの意を表す接頭語。**避**は、関わらないようにする意。

類語
必然《ひつぜん》・必至《ひっし》・必定《ひつじょう》　いずれも、ほぼ同義。ただ、「必然」は「（道理として）必ずそうなること」、「必至」「必定」は、「（成り行き・状況から見て）必ずそうなるに違いないこと」を言う。

チェック □□□

閉塞感《へいそくかん》

閉ざされ、ふさがれている感じ。

用例

業績の悪化に歯止めが利かず、社内に**閉塞感**が広がる。

ポイント

「閉塞＋感」で構成されている語。「閉じてふさがる」意で、具体的に「詰まる」さま（例えば、病気の「腸閉塞」）にも、抽象的な雰囲気・状況にも言う。「戦雲が立ちこめ、閉塞した時代に入った」など。「感」は「……の感じ」の意を表す接尾語で、「満足感」「優《ゆう》越《えつ》感」「立体感」など多用される。

漢字

閉は、閂《かんぬき》で門を閉じる意を表す。**塞**は、土で塞《ふさ》ぐ意を表す。

ノート

「塞」は、「ふさぐ・ふさがる」意の場合は、「梗塞《こうそく》」（詰まってしまって通じないこと）、「逼塞《ひっそく》」（落ちぶれてひっそり暮らすこと）など「ソク」、転じて、「砦《とりで》」の意の場合は、「要塞《ようさい》・防塞《ぼうさい》」など「サイ」と読む。

類語

息が詰《つ》まる　窮屈《きゅうくつ》に感じる。「上司に挟《はさ》まれ息が詰まった」

チェック□□□

没交渉《ぼっこうしょう》

係わり合いがなく、無関係なこと。

用例

離島で、都市の喧騒《けんそう》とは没交渉に時を過ごす。

ポイント

「没＋交渉」で構成されている語。「没」は「……がない」意を表す接頭語。「交渉」は、「係わり合い」。合わせて「係わり合いを持たない」意。その他、「没」の付いた三字熟語に、次のようなものがある。

没個性《ぼっこせい》 そのもの自体の特色に欠けること。

没趣味《ぼっしゅみ》 何も趣味がないこと。無趣味。また、面白みのないこと。

没風流《ぼっふうりゅう》 風流を解さないこと。無風流《ぶふうりゅう》。

漢字

没は、水中に沈んで見えなくなる意。**交**は、人がすねを組み合わせている形から「交じわる」意。**渉**は、水の中を歩く意から「渡る・係わる」意を表す。

類語

無縁 縁がないこと。関係がないこと。「都市の喧騒《けんそう》とは無縁に時を過ごす」

風馬牛《ふうばぎゅう》 自分とは何の関係もないこと。

チェック□□□

未曽有《みぞう》

これまでまだ一度もなかったこと。

用例
火山の噴火による**未曽有**の災害に見舞われる。

ポイント
漢文では、「未曽有」は「未《いま》だ曽《かつ》て有らず」と訓読する。「未」は、最初「いまだ」と読んでおいて、後からその字に戻り「ず」（打消の助動詞）と、もう一度読む字。「再読文字《さいどくもじ》」と言う。「未熟」は「まだ熟していない」、「未完成」は「まだ完成していない」といった具合い。「古今未曽有《ここんみぞう》」・「前古未曽有《ぜんこみぞう》」は「未曽有」を強めた語。

漢字
未は、小枝の茂った木を写した象形《しょうけい》文字だが、借りて「否定」の意を表すようになったと言う。**曽**は、新しく「常用漢字」に入った漢字。意味は「これまで」。

類語
空前　今までにそのような例がないこと。「市場《しじょう》は空前の活況に沸《わ》いた」
空前絶後　これまでに例がなく、これからもないと思われる、非常に珍しいこと。

チェック□□□

無《む》作《さく》為《い》

自分の考えを入れず、偶然に任せて物事を行うこと。

用例

応募葉書から**無作為**に抽出し、当選者を決定する。

ポイント

「無＋作為」で構成されている語。「作為」は、「ことさらに手を加える」意。「無」は、否定の意を表す接頭語で、次のような働きがある。

ア ……がない。「無資格で医療行為を行う」

イ ……しない。「通行人を無差別に襲う」

ウ ……でない。「無器用な手つきで調理する」

ノート

「無」は、「む」と読む場合がほとんどだが、「ぶ」と読む場合もある。ウの「無器用」や「無愛想」など。その他、「無」の付く熟語に、無意識・無関係・無気力・無記名・無重力などがある。これらは、いずれも、アの「……がない」意で、「む」と読む。

漢字

作・為とも「なす。つくる」意。

類語

アトランダム 任意に選び出す様子。

手当たり次第《しだい》 触れるもの、目に付くものは何でも。「分別しない」意で共通。

チェック□□□

無常観《むじょうかん》

万物は生滅《しょうめつ》・変化し、人生ははかないとする考え方。

用例

『平家物語』などの中世文学には、根底に**無常観**が流れている。

ポイント

「無常＋観」で構成されている語。「観」は「…に対する考え方」の意の接尾語。「無常」は「常なるは無し」の意で、仏教で、「一切のものが生滅・変化して、定まりが無いこと」を言う。仏教的なイメージに付きまとう「はかなさ」のため、悲観的だと遠ざけられがちだが、「不変なるもの」を求める世界観や人生観に対するアンチテーゼ（対立する考え）として、現代にも意義を持つ語。「無常」の対義語は「常住」。

漢字

常は、「長い布」の意から、「いつも、変わらない」意に。

関連語

諸行無常《しょぎょうむじょう》　万物は常に変転して、そのまま止まっていないこと。

生者必滅《しょうじゃひつめつ》　一切の生き物は必ず死ぬということ。

邯鄲の夢《かんたん》　人生の栄枯盛衰は、夢のようにはかないことのたとえ。

チェック

門外漢《もんがいかん》

専門としていない、また、直接関係していない人。

用例

遺伝子操作については全くの門外漢で、特別な意見はない。

ポイント

「門外＋漢」で構成されている語。「門外」は、門の外の意から「専門外・部外」の意を表す。「漢」は、もと「男」の意を表したが、今は広く「人」を指す接尾語。「漢」の付く熟語には、「正義漢」「硬骨漢」（不正を憎み意志の強い人）「熱血漢」「無頼漢《ぶらいかん》」（ならず者）「変節漢」（自分の考えを簡単に変えるような人）「冷血漢」（心の冷たい人）など。

漢字

門は、両開きの扉の付いた門の形を写した字。実際の「門」はもちろん、「家」（名門など）、「一族・仲間」（同門など）、そして「その道」（専門など）と多様な意味を持つ。「門外漢」の「門」は「専門」と同じ。

類語

局外者《きょくがいしゃ》　局は、「区切られた部分」を言い、その事に直接関係のない人。「部外者」とも。

素人《しろうと》　専門家でない人。「しろひと」の転。「玄人《くろうと》（くろひとの転）」の対義語。

チェック□□□

有《ゆう》機《き》的《てき》

多くの部分が一つに組織され、部分と全体とが密接な関係にある様子。

用例

改革の目的は、各部署が**有機的**に機能することにある。

ポイント

「有機＋的」で構成されている語。「有機」とは「生活機能を持っている組織体」のことだが、「それぞれ異なる機能を持つ部分が、一つの目的・原理などによって、統一的に働くさま」を言い、自然で、生き生きした繋《つな》がりの感じられる語として用いられる。一方、「無機的」は逆に否定的な意味で用いられる。「的」は「……のような性質を持つ」意を表す接尾語。153ページ「画期的」参照。

漢字

有は、「存在する」、**機**は、木製の機織《はたお》り機の意から、「からくり・要《かなめ》・働き・作用」などの意を表す。

対語

無《む》機《き》的《てき》　生活機能や生命力がない様子。「有機的」とは反対に、温かみや生き生きした関わりが感じられない、単調で冷たいさまについて、比喩《ひゆ》的に言う。

チェック □□□

理《り》不《ふ》尽《じん》

道理に合わないことを無理に押し通そうとすること。

用例

言い訳も聞かず、譲歩を迫る**理不尽**な要求には応じられない。

ポイント

強いて分ければ「理＋不尽」で、「理が尽くされていない」意。「理」が「物事の道理」だから、「理不尽」とは「道理が十分に尽くされていない」状況を言う。

漢字

理は、「玉に筋目が出るように磨く」意から、「筋目」「筋道」「治める」などの意を表す。**不**は「……でない」「……しない」意で、下に来る語を打ち消す働きをする。「不尽」で「尽きない」「尽くさない」意。

類語

無茶《むちゃ》　筋道が通らないこと。強めて「無茶苦茶《むちゃくちゃ》」とも。

無理無体《むりむたい》　強引で道理に合わないやり方であること。

横車《よこぐるま》を押《お》す　横に車を押すように、道理に合わないことを無理やり押し通そうとすること。

チェック

臨場感《りんじょうかん》

実際にその場に居合わせているような感じ。

用例

語りと効果音とが相まって、**臨場感**を盛り上げる。

ポイント

「臨場＋感」で構成されている語。「臨場」は「その場所に行くこと」。従来「臨席」とほぼ同意の「その場に出席する」という程度の意味で使われた語で、「臨場感」などと言う語は、なかったと言ってよい。バーチャル（仮想的）な世界のなかった時代には、「その場にいての感動」はあっても、「その場にいるような」状況がなく、言葉も不要だった。「感」は「…の感じ」の意を表す接尾語。また「観」と「感」の使い分けについては152ページ「価値観」参照。

漢字

臨は、「見下ろす」（君臨）、「その場に行く」（臨席）「目の前にする」（臨海）、「その時になる」（臨機・臨終）などの意がある。

君臨　力のある者が、多数の者の上に立って大きな勢力を振るうこと

臨機　その場・その時の状況に合わせること。

アイデンティティー
自己の存在を確信する意識。主体性。

アクセス
情報などを入手したり、利用したりすること。

アナログ
データや量を連続して取り扱う方式。↔デジタル

イノベーション
経済成長の有力要因となる革新的試み。新機軸《しんきじく》。

インパクト
激しく心を動かす、強い影響力。衝撃《しょうげき》。

インフラ
産業や生活の基盤として、社会で共有する施設。

エゴイズム
自分の利益だけを考え追求するような態度。

エコロジー
生物の環境との関わりを研究する学問。エコ。

カリスマ
人々を引きつける神秘的な力を備えているさま。

グローバル
物事を広く包括《ほうかつ》的に見られるさま。地球的。

クローン
元となる個体と全く同じ遺伝子を持った個体。

コア
物事の中心となる重要な部分。中核。

コンセプト
企画全体を貫く基本的な主張や考え。

コンセンサス
意見の一致。合意。同意。

コンテンツ
物の中身。書籍の目次。ネットの情報内容。

シフト
状況の変化に応じて臨機に作り替えた態勢。

シミュレーション
大量の情報・資料をもとに行う模擬《もぎ》実験。

ジレンマ
相反する二つの事柄の板《いた》挟《ばさ》み。二律背反《にりつはいはん》。葛藤《かっとう》。

スタンス
物事に対する立場や姿勢。対象との距離。

ストレス
緊張を強《し》いられた時の精神的・肉体的な負担。

PART 6

慣用的な表現

ここまで、採り上げてきた語は、すべて「漢字」の組み合わさった「漢語」でした。

でも、漢語だけではなく、和語を交えて、独特のニュアンスを表現する、決まった言い回しがあります。たとえば、「後ろ髪を引かれる」は、実際に後頭部の髪の毛を引っ張られることではなく、「思いがあとに残る」意ですし、「木に竹を接《つ》ぐ」は、不調和な様子や、条理に合わないさまを言います。

このように、比喩《ひゆ》的な意味合いを持ちますから、独特な分、意味を取り違えた使い方や、場違いな使い方は、文章の根幹を揺るがす混乱を招きかねません。また、多用すると、文章が軽薄になります。十分に、内容を理解し、控えめの利用がお奨《すす》めですが、うまく決まれば、しゃれた趣を醸成できます。

また、性格の全く異なる語彙ですが、外来語を中心とした「カタカナ表記」の言葉も、頻繁《ひんぱん》には使えないものの、「決め言葉」としては使いたい語ですから、コラムとして収録しました。

チェック□□□

胡座《あぐら》をかく

自分は何もしないで、いい気になっている。

用例

いつまでも伝統の上に**胡座をかい**てはいられない。

ポイント

「胡座」とは「足を前に組んでゆったりと座る」ことで、かしこまった「正座」と違い、くつろいだ気分の、一面で慎ましさに欠けた座り方だ。このことから、比喩《ひゆ》的に「地位や権力などを拠《よ》り所にして図々しく構える」様子を言うようになった。

語意

胡座　もと「高く作られた座席」を言い、足を組んで座ることができたことから、「足を組んで座ること」の意を表す。

かく　多く「……をかく」の形で、「それを示す」「その動作をする」などの意を表す。「汗をかく」「いびきをかく」など。

類語

居座《いすわ》る　退くべき者がその地位・場所に居続ける。「梅雨前線がいつまでも列島上に居座っている」

チェック□□□

異彩《いさい》を放《はな》つ

際立って優れている。

用例

注目される新人たちの中でもひときわ**異彩を放っ**ている。

ポイント

「彩」の「彡」は「美しい」意を表すと言い、「模様」「光」「艶《つや》」「輝き」など、明るく快活な印象を持つ字。「いろどり」と訓読みする。輝かしい様子は「光彩を放つ」と言うが、「異」（一際《ひときわ》の意）を加えて「異彩」は、さらにそれを上回る輝きを放っていることを言う。「出色《しゅつしょく》」（16ページ参照）とも通うニュアンスを持つ。

語意

異彩　「異なった彩《いろどり》」の意から、転じて「際立って優れている様子」を言う。

放つ　「発する」意で、「彩《いろどり》」を「光」に通わせた表現。

類語

傑出《けっしゅつ》する　他から飛び抜けて優れている。「選手の中でも傑出している」

図抜《ずぬ》ける　並外れる。大層優れる。「ずば抜ける」とも言う。「立派な体格ぞろいのチームの中でも図抜けた存在だ」

チェック□□□

潔《いさぎよ》しとしない

自分の良心や誇りから、受け入れられない。

用例

少年時代から他人の同情を**潔しとしない**強い性格だった。

ポイント

「潔い」という言葉の価値は、時代によって左右され、うかつには語れない。戦時下の高揚感から、死をも「潔い」と賛美しかねない一面を持つからだ。しかし、日常的には、「未練がましくない、さわやかさ」を表現できる、心地のよい言葉である。

語意

潔し　「潔い」の古語で、「清らかだ。すがすがしい」が原義。転じて、「思い切りがよい。きっぱりとして快《こころよ》い」意を表す。

しない　動詞「する」の未然形「し」に、打消の助動詞「ない」が付いた形で、「感じない。思わない」意。ちなみに、「しない」の古語の形は「せず」。

類語

快《こころよ》しとしない　気持ちがよいと思わない。受け入れる気にならない。「頼まれて投票するのは、快しとしない」

一《いち》翼《よく》を担《にな》う

チェック□□□

全体の中で一つの役割を受け持つ。

用例

高校生が震災からの復興の一翼を担う。

ポイント

「つばさ」は、鳥類の前肢《ぜんし》（前足）が変化したもので、二枚、対になっている。そのうちの「一方の羽《はね》」が「一翼」。したがって、分担する割合は、後の類語の「一枚」や「一役」が部分的であるのに対し、「一翼」は十分に大きいというニュアンスが強い。

語意

一翼　「二つの翼《つばさ》」の意から転じて「一つの役割」。

担う　「かつぐ」意から、「引き受ける。受け持つ」意。「になう」の「に」は「荷」。「なう」は未詳《みしょう》だが「負《お》う」と関わりがあるか。

類語

一枚噛《か》む　仲間の一人になる。一つの役割を引き受ける。「『明るくする会』の旗揚げに一枚噛む」

一役買《ひとやく》う　進んで一つの役割を引き受ける。「呼び掛け人の熱意に打たれ、一役買って出る」

チェック□□□

一石《いっせき》を投《とう》じる

問題を投げ掛ける。

用例
新説を発表し、保守的な学界に**一石を投じる。**

ポイント
静かな水面に小石を投げると、次々と波紋が広がることから言う。「波紋を投げ掛ける」や「波が立つ」は、動揺や混乱を招くという、マイナス面を意識した言い方だが、「一石を投じる」には、「投げた石（取った行動）は小さくても、状況を前進させる力になる」という、前向きな積極性がある。

語意
一石　小さい一つの石。
投じる　「投げ掛ける」意。「投じる」は「投ずる」とも言う。

類語
波紋《はもん》を投げ掛ける　動揺を引き起こす。影響を与える。波紋を投ずる。「市長の責任を追及する発言が、議会に波紋を投げ掛けた」
小波《さざなみ》が立つ　小さな争い事が起こる。「最近とかく二人の間に小波が立つ」

チェック

意《い》表《ひょう》を突《つ》く

相手の予想外のことをする。

用例
「相手の意表を突いて、ロングシュートを放つ。」

ポイント
「不意《ふい》を突く」には、「裏をかく」や「出し抜く」といった表現ともども、「卑怯《ひきょう》な」というニュアンスがある。ところが、「意表を突く」には、それが感じられず、他人が予測すらできなかった行動をしたことを、いささか賞賛する気分さえある。

語意
意表　**意**は「思い」、**表**は外側の意で、「思いの外」。
突く　鋭く攻める意。他に、「痛い所を突く」「虚《きょ》を突く」などがある。

類語
意表に出る　思い掛けない態度・行動を取る。「大方の予想に反して、話し合いの意表に出る」
裏をかく　相手の考えと反対のことをして、出し抜く。「敵の裏をかいて間道を進む」
不意を突く　相手に対し、出し抜けに物事をする。「不意を突かれて逃げ場を失う」

チェック□□□

意《い》を体《たい》する

人の思いや考えをよく理解し、それに沿って行動する。

用例

クラス全員の**意を体し**て役員会で意見を述べる。

ポイント

「体」の独特の使い方に注意。ここでは、「身に付ける」「自分のものにする」意がある。例えば、熟語では「体験」（身をもって経験する）「体得」（十分に理解して自分のものにする）などと使われる。この意味を「動詞」として使用したもの。

語意

意　気持ち・考え。

体する　心に留めて守る。一字の漢字（その音読み）をサ変動詞としたもの。他に、「相手の心情を察する」「式典に列する」など。

類語

意を受ける　人の考えを聞いて、それに沿うように行動する。「地元の人々の意を受けて、実現に奔走《ほんそう》する」

関連語

意を酌《く》む　人の意見や考えを尊重する。「新入部員の意を酌んで、練習メニューを一新する」

チェック□□□

襟《えり》を正《ただ》す

気持ちを引き締める。

用例
襟を正して市民の批判に耳を傾ける。

ポイント
「服装の乱れを整え、きちんとする」ことが原義。現在では、精神的な緊張感を持つ意味が普通。後の類語の「威儀を正す」などが、動作・行動を整え、改まった様子をする点に重点があるのに対し、不正や緩《ゆる》みを是正するための決意を、全面に打ち出しているのが特徴。「姿勢を正す」が近い。

語意
襟　衣服の首の回りの部分。衣服全体の中で象徴的な部位。ここがしゃきっとすることで、服装全体が引き締まると考える。「プライド」を表す語に「矜持《きょうじ》」があるが、この「衿」も「えり」の意。
正す　乱れなどをきちんと直すこと。

類語
威儀《いぎ》を正す　服装を整え、立ち居振る舞いをきちんとする。「威儀を正して受賞式に参列する」
膝《ひざ》を正す　座った姿勢をきちんとし、改まった様子になる。「膝を正して求婚する」

チェック□□□

影《かげ》を潜《ひそ》める

表立った所から姿を隠す。

用例
取り締まり強化で悪質な客引き行為が**影を潜めた**。

ポイント
「かげ」に二種類あり、「陰」と「影」と書き分ける。「陰」は、ものの裏側の暗がりを、「影」は、「姿」そのものを言う。ただし、その姿は明確ではない。例えば、「人陰」は「人がいて、その後ろ」、「人陰に隠れる」など。一方、「人影」は、「人の姿、シルエット」、「街灯に人影が浮かぶ」など。従って、「影を潜める」は、姿が見えなくなる意。

語意
影は「姿」、**潜める**は「隠す。忍ばせる」意。

類語
鳴りを潜める　表立った動きをやめる。「鳴りを潜めていた反対運動が活発化する」

ノート
声を潜める　他の人に聞かれないように声を小さくする。「人の気配を感じて声を潜める」
息《いき》を潜める　息づかいを抑えて、自分の存在を気づかれないようにじっとしている。

チェック □□□

気《き》が置《お》けない

気遣いせず、打ち解けられる。

用例
気が置けない友達と楽しい一時を過ごす。

ポイント

「気が置けない」は、「気が置ける」の否定形。「気が置ける」は、「気持ちが、ある所に置いて（とらわれて）しまわれて、そこから離れられない」意で、「緊張や遠慮などで打ち解けられない」こと。「気を許せない。油断できない」意味で「気が置けない」と言うのは誤用。後に「名詞」が続く場合、「気の置けない友だち」とも言う。

語意

置けない　「置ける」の未然形「置け」に、打消の助動詞「ない」が接続した形。「置ける」は、動詞「置く」が変化したもので、古語の「心置く」（警戒する。気がねする）と関わりがあるように思われる。

類語

「打ち解ける」意味の「裃《かみしも》を脱ぐ」「膝《ひざ》を交える」「腹を割る」は、「胸襟《きょうきん》を開く」（193ページ）参照。

チェック□□□

脚光《きゃっこう》を浴《あ》びる

社会の注目の的となる。

用例

「ノーベル賞を受賞して一躍**脚光を浴びる**。」

ポイント

俳優が舞台に立ち、フットライトを浴びることから転じた慣用句。「脚光を浴びる」のは、俳優が観客から最も注目される場面だから、比喩《ひゆ》的に、「華やかに注目を集めること」を言うようになったもので、悪い意味では使わない。

語意

脚光　舞台の前面の床に一列に取り付けた照明。「フットライト」のこと。

類語

スポットライトを浴びる　世間の注目を受ける。「スポットライト」は舞台の一部分を明るくする照明。「地道な自然保護活動がスポットライトを浴びる」

注目　関心を持って成り行きを見守ること。「注目の的となる」は「脚光を浴びる」に近い。また、「嘱《しょく》目《もく》」（「嘱」は付ける意）も、目を付ける意で「注目」と同意。

日の目を見る　206ページ参照。

チェック □□□

胸襟《きょうきん》を開《ひら》く

心の中を打ち明ける。

用例
学生たちと**胸襟を開い**て語り合う。

ポイント
襟元《えりもと》を締《し》め、人に胸元を見せないという伝統的な美意識に反して、「胸襟を開く」ということで、比喩《ひゆ》的に「格式張らず、打ち解ける」「心の底を見せる」意を表す。

語意
胸襟　「胸と襟《えり》」の意から「心の奥底」。

類語
裃《かみしも》を脱ぐ　四角ばらず、打ち解けた態度を取る。「大臣も裃を脱いで労働者の生の声を聞く」
膝《ひざ》を交える　互いに打ち解けて話し合う。「使節団と膝を交えて歓談する」
腹を割る　隠しだてをせず、真意を明かす。210ページ参照。

チェック□□□

けりを付《つ》ける

物事に結末を付け、決着させる。

用例
和解勧告を受け入れ、長年の争いに**けりを付ける**。

ポイント
和歌・俳句などが、助動詞「けり」で終わることが多いことから、「けりを付けて終わりにする」意で言う。「決着が付く」のは「けりが付く」と言う。

いくたびも雪の深さを尋ねけり　正岡子規《まさおかしき》

〈句意〉（病床の私は、家人に）何度も何度も積もった雪の深さを尋ねたことだよ。

語意
けり　文語助動詞で、活用語の連用形に接続し、過去（タ）・詠嘆（タナア）などの意味を添える働きをする。子規の句の「尋ね」は、下二段動詞「尋ぬ」の連用形。「けり」は詠嘆の意を添える。

類語
ピリオドを打つ　終わりにする。終止符を打つ。「両家の争いにピリオドを打つ」
片《かた》を付ける　物事を解決する。「難航した工事に片を付ける」

チェック□□□

敷居《しきい》が高《たか》い

不義理なことをしていて、その人の所に行きにくい。

用例

入院中の見舞いに行きそびれて、先輩の家の**敷居が高い**。

ポイント

日本風の建物で、戸や障子《しょうじ》などを開け締めするために床に取り付けた、溝《みぞ》のある横木のことを「敷居」と言う。「敷居を跨《また》ぐ」と言うと、「その家に出入りする」意で、「二度とこの家の敷居を跨ぐな」などと使う。その、「敷居」が「高い」と言うのは、心理的に「抵抗があって入りにくい」ことの比喩《ひゆ》。

語意

敷居　古くは「しきみ（閫・閾）」と言い、「しきい」はその転と言う。「居」は、当て字か。ただ、上部の横木を「鴨居《かもい》」と言うから、「しきい」は「鴫居《しぎい》」の変化したものかとする説もある。神社の「鳥居」とも関わりがあるか。

類語

気が差す　自分のしたことを疚《やま》しく思う。気が咎《とが》める。「調子を合わせて、ついお世辞を言った自分に気が差す」

チェック□□□

愁眉《しゅうび》を開《ひら》く

心配事がなくなって、ほっとする。

用例

避難していた家族と連絡がついて、**愁眉を開く**。

ポイント

「開く」は、比喩《ひゆ》的な用法。閉じていたものが開いて、晴れやかになることから「……を開く」の形で、「心が晴ればれとした状態になる」意。「目を開く」は、例えば「師の一言が、演奏の目を開くきっかけとなる」など、「芸道などの真理を悟る」、「物事のこつをつかむ」意で用いる。「開眼《かいげん》する」と言っても同じ。

語意

愁眉　**愁**は「思いに沈む」、**眉**《び》は、新しく常用漢字に加えられた漢字。目の上のマユの形を写した字。「愁《うれ》いでひそめた眉《まゆ》」の意から、「心配そうな顔付き」。

ノート

柳眉《りゅうび》　「眉」を用いた熟語に、「柳眉」があり、ヤナギの枝のような細く美しい眉を言う。一般には、美女が怒るさまを「柳眉を逆立てる」と表現する。

類語

眉《まゆ》を開く　心配事がなくなって晴れ晴れする。
胸《むね》を撫《な》で下ろす　ほっと安心する。

チェック□□□

常軌《じょうき》を逸《いっ》する

常識では考えられないことをする。

用例

閣僚の**常軌を逸した**発言に、非難が巻き起こる。

ポイント

電車や列車が通る道を「軌道」と言う。レールが敷かれ、決まった道筋を行くのが「軌」の字の特徴だ。**軌を一《いつ》にする**と言えば、「やり方・立場が全く同じ」ことを言う。こんな「軌」の字に、ずっと全く変わらない意の「常」が加わるのだから、「常軌」とは、とにかく「当たり前で普通のこと」。それだけに「外れる」と、これはとんでもない事態になる。

語意

常軌　**常**は、長い布の意から「長く変わらない・常《つね》」、**軌**は、「車の轍《わだち》（車輪の通った跡）」から、「道」の意。「常軌」で、常に踏み行うべき道。「常道」も近い。

逸する　兎《うさぎ》が逃げる意から、「逸《のが》れる・外《はず》れる」意。

類語

アブノーマル　常識から外れ、異常な様子。「アブノーマルな言動が人々の注意を引く」

チェック□□□

切羽詰《せっぱつ》まる

抜き差しならない状態になる。

用例
給料が滞《とどこお》り**切羽詰まって**借金する。

ポイント
刀の「切羽」が詰まると、刀を抜くことも差すこともできないことから、追い詰められて「動きが取れない」ことを言う。「切羽」は「土壇場《どたんば》」に近く、「退っ引《のっぴ》きならない」「抜き差しならない」など、類義語が多い。こうした状況を「絶体絶命」と言う。

語意
切羽　刀の鍔《つば》が、柄《つか》と鞘《さや》に接する所に添える薄い板金《いたがね》。ちなみに「鍔」は、刀の手で握る部分（柄）と刀身（刃の部分）とを分け、拳《こぶし》（手首より先）を守る金具。「鞘」は、刀身をカバーする筒状部分。
詰まる　動かなくなる意。

類語
抜き差しならない　どうにも動きが取れない。退っ引きならない。「道路が壊れて抜き差しならない事態に陥る」
進退窮まる　進むことも退くこともできず、困難な状態に追い込まれる。「山中で足を負傷し進退窮まる」

チェック □□□

双肩《そうけん》に掛《か》かる

責任・任務などを背負う。

用例
事の成否は担当者の**双肩に掛かっ**ている。

ポイント
「双」は、旧字が「雙」。「隹」は鳥の意で、二羽の鳥を手に持つ意を表し、「二つ」あるいは「並ぶ」意。わざわざ「両方の肩」とするのは、ずっしりと重く負担が掛かる感じを出すため。「片肌脱ぐ」より「双肌《もろはだ》を脱ぐ」の方が、全力を尽くすニュアンスが強いのと同様だ。

語意
双肩　左右双方の肩。
掛かる　広い意味で使う語だが、ここでは「負《お》う」「担《にな》う」意。

類語
肩に掛かる　責任・義務などが、その人の負担となる。「家事一切が幼い子供の肩に掛かっている」
「一翼を担う」「一役買う」「一枚噛《か》む」もよく似た意。

チェック □□□

高《たか》を括《くく》る

大したことはないと軽く見る。

用例
相手は素人《しろうと》だと**高を括っ**ていて、不覚を取る。

ポイント
原義は「金額・数量をまとめる」ことだが、現在、この意味で使うことはない。しかも、その「見積もり」が低過ぎるたとえとしてのみ用いる。「物事の程度、値打ちを低く見る」意で、「見くびる」と同義。

語意
高 大名の「禄高《ろくだか》」、米の「取れ高」など「高さ」の概念から、金額・数量の意を表し、広く「程度・値打ち」を言う。「程度」を低く見て、「たかが風邪ぐらいで」「多額と言ってもたかだか十万円」などとも使う。
括る 束《たば》ねる意から、ここでは「まとめる」意。

類語
甘く見る 「甘い」は、「しつけが甘い」と言うように「厳しさに欠ける」意で、見くびる、楽観する。「事態を甘く見ていて、被害が広がる」

ノート
高《たか》が知れる 大したことはない。「習い始めたばかりで、腕の程は高が知れている」

チェック □□□

端《たん》を発《はっ》する

ある事をきっかけとして物事が起こる。

用例
住民の喧嘩《けんか》に**端を発して**暴動が起こる。

ポイント
「耑」に「始まり」の意味があると言い、「端」は、「はし」「真っ直ぐ」の意で使われる。「事件の発端」の「発端《ほったん》」を、漢文式に返読すると、「端を発する」になる。「発」もスタートの意だから、「端を発する」は「……から始まる」と、事件・物事の「大本・根源」を言うときの語。

語意
端は「始め・糸口」、**発する**は「起こる・始まる」意。

類語
端緒《たんしょ》を開く　物事が始まる糸口になる。端緒に付く。「火縄銃《ひなわじゅう》が戦いの形式を変える端緒を開いた」
口火を切る　物事を最初に始める。「市政批判の口火を切る」
皮切り　古く、最初にすえるお灸《きゅう》のことを言い、熱く苦しいものとされていたようだ。のち転じて「物事のし始め」の意。

チェック□□□

頭《とう》角《かく》を現《あらわ》す

常識・才能が人より目立って優れる。

用例

新入部員の中でいち早く**頭角を現す**。

ポイント

初め一線に並んでいた多くの者の中から、「頭の先端が目立つようになる」、すなわち、際立って実力を発揮するようになることを言う。「頭角」という語、中国の古典で使われ、日本でもそれに倣《なら》うが、この慣用句以外に使うことはない。

語意

頭角　**角**は、牛などの角の形から「先」の意で、「頭角」は「頭の先」の意。

現す　ここでは「姿や形を見えるようにする」意。

類語

一頭地《いっとうち》を抜く　多くの人より一段と優れている。「一頭地」で「頭一つ」の意。「一頭／地を抜く」ではない。「地」は漢文の助字で、語調を整える働きをする。「入選作の中でも一頭地を抜いている」

抜きんでる　多くの中で飛び抜けて優れる。「独創性が抜きんでている」

チェック□□□

途方《とほう》に暮《く》れる

手段が尽きて、どうしたらよいか分からなくなる。

用例

旅先で鞄《かばん》も金も失い、途方に暮れる。

ポイント

「方途」と、順序が入れ替わっても、ほぼ同意だが、「方途に暮れる」を言わないのは「途方……」が行き渡って、慣用化されたからだろう。「方途に迷う」は使える。こちらは、やり方を冷静に判断しようとしていて、「途方……」のように、どうしようもなくなっている訳ではない。

語意

途方　**途**は、長く伸びる道の意から、**方**は、耕作に使う鋤《すき》の意から、共に「手段・方法」の意。似た意味の語を重ねて意味を明確にした熟語。「途方もない」の言い方にも注意。「国の借金が途方もない額になる」

暮れる　暗くなる意から、「分別が付かなくなる」意。他に「思案に暮れる」「涙に暮れる」「闇に暮れる」など。

類語

亡羊《ぼうよう》の嘆《たん》　方法に迷って思案に暮れること。多岐亡羊《たきぼうよう》。逃げた羊《ひつじ》の行方を失って、どの道を行けばよいか分からず嘆く意から。

チェック□□□

難色《なんしょく》を示《しめ》す

難しい、または不承知だという態度を見せる。

用例

国の出した和解案に、原告側が**難色を示す**。

ポイント

「色」という語は、日常的に使う場合、いわゆるカラーそのものではなく、「表情」や「様子」を表す場合が結構多い。この本でも「異色」「出色」など幾つか採り上げているが、「難色」の「色」は「態度・反応」。「難色」で「困った、納得しがたい顔付き」の意味だ。その他、**喜色**が「うれしそうな態度・表情」。

語意

難は、災難に遭って神に祈る様子から転じて、「難しい」。

色は、男女の情愛の意から転じて、「顔色・表情」の意。

ノート

意に染《そ》まない 気に入らない。「提案が意に染まず、話がまとまらない」

意に満たない 満足できない。「意に満たない作品ばかりで、がっかりする」

チェック □□□

二《に》の足《あし》を踏《ふ》む

ためらう。尻込《しりご》みする。

用例

競争率が高いと聞いて、**二の足を踏む**。

ポイント

「踏む」が、「予定される二歩めの位置に進まず、元の位置に下ろされる」意味であることがポイント。従って、「二の足を踏む」とは「二歩進んで、二歩めの足は前に出ず、下に下ろす」こと。一歩踏み出したものの不安・恐れなどから、二歩めの足が前に出ないことを言う。「後足《しりあし》を踏む」とも言い、後足は「後《うし》ろ足」の意。「ためらう」「尻込み」に比して、「足」や「踏む」の語感から、「思い切って踏み出しかねる」気分が強い。

語意

二の足は「二歩めの足」、**踏む**は「足を下ろす」意。

類語

後《あと》じさりする　前を向いたまま後ろへ下がる。「断崖《だんがい》から谷底を見下ろし、思わず後じさりする」

日《ひ》の目《め》を見《み》る

知られていなかった事が、世間に知られるようになる。

用例

半生を費やした地道な研究が、**日の目を見る**。

ポイント

太陽光が当たるようになるのだから、「世間に知られる」こと。その意味では同じなのだが、「明るみに出る」が、不正・事件など、当人としては伏せておきたいことが露見することを言うのに対し、こちらは、当人にとって好ましいことが「世間に知られる」ことを言う。

語意

日の目　「日の光」の意。「月の面《おも》」を「月の顔」と言うのと似た表現。

類語

脚光《きゃっこう》を浴びる　192ページ参照。

スポットライトを浴びる　192ページ参照。

明るみに出る　隠れていた物事が世間に知られる。「幹部の不正が明るみに出る」

日が当たる　日光が差す意から、地位や境遇などに恵まれる。「異動で日の当たる部署に就く」

チェック □□□

馬脚《ばきゃく》を現《あらわ》す

包み隠していた物事がばれる。

用例

信者を装っていた詐欺師《さぎし》が、ふとしたことから**馬脚を現す**。

ポイント

「馬脚を現す」とは、「本来観客には見せない、馬の足を演じる役者の姿を見せてしまう」こと。その他、「化けの皮が剝《は》がれる」などの慣用句は、いずれも「発覚する」「露見する」「ばれる」などの範疇《はんちゅう》（分類された範囲）に入る言葉で、好ましい意味では使わない。

語意

馬脚　芝居で、役者が被《かぶ》り物の中に入って演じる「馬の足」の意。

類語

尻《しり》が割れる　隠していた悪事などが露見する。「人事異動で不正の尻が割れる」

足が出る　隠し事が現れる。「失態をきっかけに乱れた私生活の足が出る」別に「赤字になる」の意味もある。

ぼろが出る　隠していた欠点・短所・悪事などが現れる。

チェック□□□

拍車《はくしゃ》を掛《か》ける

物事の進行に一段と力を加える。

用例
新しい工法を取り入れて、完成に拍車を掛ける。

ポイント
拍車で馬を刺激し、馬のスピードを上げることから転じた慣用句。良いことにも言うが、「事態の悪化に拍車を掛ける」など悪いことにも使う。「拍車を加える」とも言う。また、スピードが上がっていく様子は「拍車が掛かる」と言い、「輸出好調で、生産に拍車が掛かる」と使う。

語意
拍車　**拍**は、手でぽんと打つ意から、「打つ・叩《たた》く」。「拍車」は、乗馬用の靴の踵《かかと》に付ける歯車状の金具。これで馬の腹を蹴《け》る。

ノート
駑馬《どば》に鞭《むち》打つ　「駑馬」は、のろい馬で、「才能はないが努力する」「才能のない者に能力以上のことを求める」意。謙遜《けんそん》して、「駑馬に鞭打って、ご期待に応えるつもりです」などと使う。

チェック□□□

歯《は》に衣《きぬ》を着《き》せない

遠慮せず、心に思っていることを率直に言う。

用例

歯に衣を着せない物言いで、視聴者の人気を集める。

ポイント

ものの言い方は人それぞれで、「性格」がうかがえて面白いが、「言葉を飾らず、ずばり言う」のがこの「歯に衣着せない」。「歯に衣着せぬ」とも言う。決して「悪口」を言うのではなく、普通なら気遣いからためらうことを、はっきり口にすること。逆に、相手を気遣って、ソフトな物言いをするのが**オブラートに包む**。気遣いすぎて、煮え切らないのが**奥歯に物が挟《はさ》まったよう**。

語意

歯　発音を助ける大切なもので、ここでは「言葉」に当たる。

衣　「きぬ」は古語で「衣服」の意。ここでは「上辺を飾るもの」の意。

類語

明け透け　包み隠しなく、はっきりしている様子。「明け透けに言うので、聞いている方がはらはらする」

チェック □□□

腹《はら》を割《わ》る

隠し立てせず、真意を明かす。

用例

難局を打開するために、**腹を割って**話し合う。

ポイント

「胸」とか「腹」とかは、肉体的な部位を表すだけでなく、「心の動き」を様々に表す。特に「腹」は、時に「胆」の字を当てるほどで、自分の大事な根底的な所に、どんと座った力強いものを意味する。「腹が据わる」や「腹を切る」の例からもよく分かる。その「腹」を割って見せようと言うのだから、本音で真剣に対処しようとしているのだ。

語意

腹は、「心の内・本心」、**割る**は「打ち明ける」意。

類語

裃《かみしも》を脱ぐ・**膝《ひざ》を交える**・**胸襟《きょうきん》を開く** 193ページ参照。

関連語

腹が据わる　度胸があり、物事に動揺しない。

腹を切る　切腹する意から、責任を取って辞職する。「事態収拾のため専務が腹を切る」

チェック□□□

水《みず》を差《さ》す

うまく行っているのに、端《はた》から邪魔《じゃま》をする。

用例

意に反して、仲の良い二人に**水を差す**結果になる。

ポイント

「水を加えて薄める、また、勢いを殺《そ》ぐ」ことから転じた慣用句。意図的でなくても、例文のように「結果的にそうなる」場合にも使う。「水を掛ける」とも。

類語

腰を折る　物事をしようとしている勢いを挫《くじ》く。「熱心に説得しようとしているのに、横から口を挟《はさ》んで話の腰を折る」

横槍《よこやり》を入れる　端《はた》から文句を付ける。「二国間の取り決めに、第三国が横槍を入れる」

嘴《くちばし》を入れる　自分とは関係のないことに、あれこれ口出しをする。「仲間同士でしていることに、上司が嘴を入れてくる」

茶茶《ちゃちゃ》を入れる　他人の話の途中で邪魔をする。「話がまとまり掛けたところで茶茶を入れる」

セキュリティー 安全さを守るための備え・保障。

DNA 細胞核中に存在する遺伝子の本体。

ディテール 全体の中での細部。詳細。

テクノロジー 人間生活に必要なものを供給する科学技術。

ドクトリン 政策上の主義・信条。

トラウマ 心理的に大きな打撃の残る体験。またその影響。

トレンド 時代の趨勢《すうせい》。主に経済活動の動向を言う。

バーチャル 擬似《ぎじ》的体験によって構築される仮想空間。

ハイブリッド 異質な技術や素材を組み合わせること。

ビジョン 将来実現したいと考えている計画。未来像。

フィードバック 結果を反映させて原因の側に影響を与えること。

プレゼンテーション 自分の意見や企画案を広く提示・説明すること。

プロジェクト 研究や事業を行うための開発計画。

ポテンシャル 可能性として有している力。潜在《せんざい》能力。

マクロ 物の見方が大変広いこと。細かいのはミクロ。

マニフェスト 宣言。特に、政治家が実行を約束する政策。

モチベーション 目標を持って行動するよう働き掛けること。動機付け。

ライフライン 都市生活に必要な供給系統。水道・電気・ガスなど。

リスク 危険度。損害を受ける可能性。

レトリック 言葉で巧みに美しく表現する方法。

索引

基本はやはり国語辞典

百科事典、漢和辞典（字典）、古語辞典……、その他「専門・分野別」のものを加えると、辞典の種類は多い。しかし基本はやはり**「国語辞典」**。最近は「電子版」が便利さで大はやりだが、自分の速さで、主体的に使える「書籍版」の優位性は、決して失われることはない。

引き方】

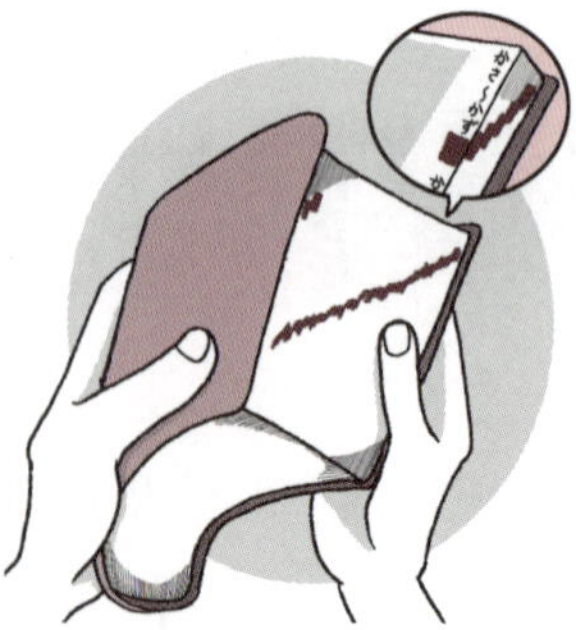

辞書を引くときは、**大きく折り曲げる**と、「あ・か・さ……」の**見出し**がはっきり見える。次に、ページの端に注目しよう。「かさい〜かさん」のような索引が必ずあるから、自分が調べたい語の**「はじめの3字」**を当てはめて、最後に本文の見出し語を追って見付ける、これが一番速い。

辞書は大きく折り曲げて

説明は必ず最後まで

辞書の説明は、①……②……と、箇条書きされることが多く、欲しい説明が①にあるとは限らない。**必ず最後まで**目を通し、**最適な意味**をゲットしよう。生きた「意味」は例文を見てはじめて分かることも少なくないし、関連語や豆知識が、後ろに追記してあることも多いのだ。

【辞書の

左手の指を最大限活用

一度引いたからには、とことん「情報」を入手しよう。説明の中の「意味の分からない語」や「同義語」「反義語」「類義語」など、**関わりのある語**に飛んで調べよう。その時、元のページに**左手指**を、二か所でも三か所でも**はさんでおこう**。きっと元の語を読み返したくなるから。

山下杉雄《やましたすぎお》（「精選国語辞典」〈明治書院〉編集代表）
大西匡輔《おおにしきょうすけ》（同・編集委員）

はじめからまじめにシリーズ

これだけチェック
書《か》くための基本語《きほんご》ズバリ200《にひゃく》
平成24年2月10日　初版発行

編著者　山下杉雄《やましたすぎお》・大西匡輔《おおにしきょうすけ》
発行者　株式会社 真珠書院
代表者　三樹　敏
印刷者　亜細亜印刷株式会社
代表者　藤森英夫
製本者　亜細亜印刷株式会社
代表者　藤森英夫
発行所　株式会社 真珠書院
〒169-0072 東京都新宿区大久保1-1-7
電話(03)5292-6521　FAX(03)5292-6182
振替口座 00180-4-93208

ISBN978-4-88009-269-0

装丁・本文デザイン／矢後雅代　イラスト／下田麻美